GUIDE DU CYBERCOURS 2

Thierry VANEL

Jean-Marc DUMONT
Jean-Luc PASSIN

Didier

13, rue de l'Odéon – 75006 PARIS
www.editionsdidier.com

AVEC LA PARTICIPATION DE

Jeannine BARDY
Chantal BERTAGNA
Jacques BOUTILLON
Jean-François BRADU
Olivier COLAS
Jean-Claude LE HIR

Couverture et conception graphique : FAVRE & LHAÏK STUDIO

© Les Éditions Didier, Paris, 2001   ISBN 2-278-05168-7   Imprimé en France

Préfaces

> PAR ANNE-CHRISTINE LANG

La révolution high tech concerne directement nos élèves ; ils sont les citoyens de demain, conscients qu'ils devront vivre et travailler dans un XXIe siècle technologique. Leurs études sont aujourd'hui, de fait, associées aux TICE (Technologies de l'Information et de la Communication pour l'Enseignement). À nous de les accompagner vers l'intégration de ces outils modernes afin qu'ils deviennent les acteurs de leur apprentissage.

On assiste en somme à une triple révolution : maîtrise de nouveaux supports numériques, responsabilisation et autonomie face à l'acquisition des connaissances et créativité à travers leurs propres publications sur le Web.

Beaucoup ont éprouvé le besoin de se publier sur Internet et de créer des pages personnelles, l'ordinateur leur donnant l'opportunité de s'exprimer, de lire, d'écrire, de découvrir les autres et d'accéder à l'information mondiale. Ces jeunes vivent avec d'autres repères ; les règles de l'échange passent par d'autres moyens, par des tuyaux, en l'occurrence, le Réseau des réseaux. Mais nous constatons que même si les moyens du World Wide Web sont différents, c'est toujours à partir de leurs passions et de leurs centres d'intérêt que la communication s'établit.

Il est de notre devoir de les familiariser à ces nouveaux environnements.

Anne-Christine Lang est *Chef de cabinet du Directeur Général du CNDP.*

> **PAR FLORIAN GAZAN**

Quand j'étais en CM1, c'était au siècle dernier dans les années 1980, j'ai vécu un grand choc éducatif : la télévision scolaire. Enfin j'allais apprendre plein de choses grâce au meuble que j'utilisais le plus à la maison avec mon lit et qui me permettait le matin de briller dans la cour lorsque j'analysais les raisons de la victoire de Goldorak face à un énième Golgoth la veille.

Malheureusement la déception fut à la hauteur de mes espérances : la télévision scolaire en question, c'était nettement moins instructif qu'un épisode de « Magnum »... maintenant je sais où c'est Hawaï..., de « L'Homme qui valait 3 milliards »... maintenant je sais ce que c'est la bionique... ou de « Drôles de dames »... maintenant je sais ce que c'est un brushing... C'était mal doublé, c'était lent, c'était assommant... à côté ; « Derrick », on aurait dit « Matrix ».

Plus tard, les enseignants ont su rendre plus pédagogiques les émissions télé. Les médias ont fait leur chemin au sein de l'éducation et heureusement aujourd'hui les élèves ont plus de chance que moi : le multimédia a remplacé ce multimédiocre. De plus en plus, les chemins de l'éducation mènent au cédérom et surtout au web avec tous leurs avantages. Je ne vais pas vous faire l'article, juste vous donner un exemple concret que j'ai vécu : j'ai animé récemment une série de mini-émissions de société sur des thèmes concernant le quotidien des 15-25 ans. Ces émissions illustrées par un reportage et un témoignage ont spécialement été pensées et conçues pour être le point de départ de discussions en classe. Nous plantions les graines du débat, c'était aux collégiens et aux lycéens de les faire pousser après avoir vu l'émission sur PC grâce à une liaison haut-débit.

Ces nouveaux outils, plus glamours, doivent aller de pair avec la qualité des contenus. C'est bien par le mariage de la super-technique et de ce que l'on en fait pédagogiquement que l'on obtiendra les meilleurs résultats. La passivité face à la télévision est supplantée par l'interactivité qu'apporte le multimédia. Et surtout c'est plus proche de la réalité des élèves en dehors de l'école, eux qui passent, qu'on s'en désole ou pas, plus de temps devant des images qui bougent que devant des pages qui se tournent. L'école n'a d'intérêt que si elle est le reflet de la vie et la vie des jeunes aujourd'hui ce sont les multiples médias...

Florian Gazan est *animateur de « 3x+net » et directeur artistique de Réservoir Net.*

Sommaire

Introduction

Ca y est ! La preuve est sur le Net. Les TICE ont induit un comportement nouveau chez les enseignants : ils communiquent, ils échangent, ils publient et se publient.

Les forums, groupes de news, messageries, chats, et sites d'établissements ont transformé la salle des professeurs. On donne à voir, on se présente autrement, on dévoile même sa vie privée : « t'as vu mon site perso ? ». Et la récréation prend la forme d'un clic sur le site du collègue, où l'on découvre sa famille, les photos de vacances, ses cours mis en ligne pour les élèves, ses passions, la liste des meilleurs sites de sa discipline, son chien, etc.

Productions, dialogues et mutualisations, les Technologies de l'Information et de la Communication pour l'Enseignement offrent cet espace de parole et de créativité dont les enseignants avaient besoin. On met son cours « on line », c'est à dire qu'on le crée sur le Net pour le publier et être visible de tous. La notion de Net-création dans le domaine scolaire rapproche l'enseignant de l'artiste. Et si l'e-pédagogie devient un art, le rapport de l'e-prof passionné à son public d'élèves ne peut que susciter la curiosité, la motivation et le plaisir d'apprendre.

Grâce à Internet, l'apprenant du 21ᵉ siècle percevra l'école autrement. Certes les élèves déjà initiés ressentent ce nouveau rapport à l'apprentissage : individualisation de l'enseignement, travail en autonomie, échanges et coopérations en réseaux. Néanmoins ces élèves ont également compris que, sans le professeur, ils ne sauront profiter de toutes les richesses qu'offrent ces nouveaux outils. Seul le maître possède la méthode pour les accompagner vers l'acquisition de l'autonomie, vers la maîtrise l'hypertexte, bref vers les nouvelles règles de ce monde virtuel qui sera le leur.

Et pour ceux qui craignent, ou pis encore, qui souhaiteraient voir l'e-learning remplacer le corps enseignant, il n'en sera rien. Le médiateur est le garant d'un apprentissage de qualité et le Net garant de voir M. Jules Ferry rajeunir !

THIERRY VANEL

1 / Créer, publier, échanger sur Internet

Le site d'établissement

1• PISTES DE RÉFLEXION

1• Un site d'établissement, qu'est-ce que c'est?

C'est avant tout un espace de publication et de communication géré par des membres de la communauté éducative (élèves compris) et traitant de «la chose scolaire». Nous en sommes encore aux balbutiements, malgré des réalisations remarquables et exemplaires. Si nous désirons cependant tenter d'élaborer une classification, nous constatons qu'il y a actuellement plusieurs types de sites d'établissement, qui privilégient des approches variées.

La présentation de l'établissement

C'est le projet que l'on considère le plus facile à réaliser et est en réalité assez difficile à mener jusqu'à son terme. Mais pas de découragement, l'aventure en vaut la peine. Elle est enrichissante et très formatrice autant pour les enseignants que pour les élèves.

Certes, l'accès aux informations et aux ressources est facilité, mais bien souvent la partie pédagogique du projet se trouve supplantée par des volontés contradictoires. Untel va vouloir évoquer sa filière rare, ou un autre vantera le dynamisme de tel secteur... et l'on va tomber rapidement dans l'effet «vitrine». Ainsi, on se retrouve souvent sur Internet à visiter des «établissements catalogue» où l'on nous présente les équipes, les emplois du temps et même les repas de la cantine! En somme, il y a un risque de se trouver dans une situation difficile, où l'on devra motiver ses troupes afin de devoir insérer dans les pages des données administratives, sans compter que souvent la rédaction des textes, leurs corrections et leur validation nécessitera des allers-retours fastidieux entre les services administratifs et les groupes de saisies, qu'il faudra coordonner. Il y a un subtil dosage à adopter pour faire en sorte que cette production commune soit assez dynamique, et implique dans la durée les élèves et les collègues.

L'absence de problématique, la répétition des tâches sans réels enjeux, ou encore les questions trop faciles à surmonter démotivent rapidement les élèves. Alors qu'il suffirait par exemple, de prendre des photos et de créer des parcours de découverte de l'établissement. On pourrait alors associer ce projet avec une action de type liaison entre les cycles. Autre suggestion : votre établissement doit être reconstruit ; faites son état des lieux, et progressivement proposez des reportages sur l'évolution de la situation et des travaux, sans oublier de relater toutes les situations cocasses du temps présent, avec toutes les vicissitudes et les difficultés, mais aussi toutes les joies occasionnées par ce changement.

La présentation d'une activité, d'un travail scolaire

C'est une activité d'édition, et le prolongement naturel d'un travail d'écriture réalisé dans l'établissement comme par exemple un journal scolaire. On peut aussi réserver des pages pour une « expression libre » où l'on trouverait des tranches de vie, du vécu d'élève. C'est un espace public à s'approprier et on peut l'utiliser pour afficher des positions tenues lors de débats sur un sujet d'actualité et dans lesquelles l'élève apprendra, par exemple, les règles de la démocratie et de la déontologie.

La présentation d'une sortie scolaire ou d'une classe transplantée

Les élèves en classes transplantées tiennent des cahiers de bord et mettent leurs parents quotidiennement au courant de leurs activités le soir par téléphone. Mais quelquefois, l'échange oral est insatisfaisant faute de temps. Le site d'établissement devient alors un lieu privilégié pour accueillir les ressources, les travaux et les impressions journalières de tous. Les élèves rédigent leurs papiers avec un éditeur de pages HTML au cours de la journée, et l'enseignant les met en ligne tous les soirs en envoyant les fichiers sur le serveur du site de l'établissement. Cela permet une plus grande souplesse pour tout le monde, puisque chacun aura le loisir de se connecter à l'heure qu'il le désire.

Le projet de voyage peut exiger un travail de restitution plus ambitieux, sous forme d'exposés, de dossiers difficiles à réaliser dans un temps si court. C'est alors aux élèves, aux cours des visites, de collecter les ressources qui seront éditées après le retour de la classe et qui serviront de supports dans les cours, ou encore pour une présentation de fin d'année aux parents.

La participation à un concours, le lancement d'un défi

Les élèves ont besoin de confronter leurs réalisations et même d'avoir les avis d'experts sur leurs résultats. Une partie du site d'établissement peut alors être consacrée à un sujet de concours en ligne du type « Présente ta ville », organisé par une entreprise ou encore une administration. C'est ensuite à l'équipe d'enseignants de faire la part des choses entre les bienfaits possibles, comme la motivation du groupe pour tenter de gagner un prix, les gains apportés par cette nouvelle expérience, et les inconvénients, telle que la possible récupération de l'action par l'entreprise dans un but purement promotionnel.

Un espace pédagogique développé par les enseignants pour les élèves

Ce type d'espace en est encore à ses débuts, faute d'une réflexion suffisante sur sa fonction, sur les moyens, les contenus, les méthodes et les démarches pédagogiques à employer pour y parvenir, et faire de ce lieu ce qu'il pourrait vraiment être, à savoir par exemple ; un développement du cours avec de nombreux exercices pour l'élève en difficulté, une aide providentielle pour l'élève absent pendant un certain temps, le catalogue des ressources à consulter par un nouvel arrivant afin de se mettre à jour, des compléments destinés à l'élève curieux qui ne se contente plus du cours et du livre. L'aspect transdisciplinaire est rarement abordé, ainsi que par exemple des conseils méthodologiques valables pour tous sur des sujets particuliers comme « Présenter un exposé »... On trouve cependant dans ce type d'espace des exercices en ligne, des compléments de cours avec des éclairages et des conseils...

Un espace de ressource pour les autres

Des enseignants ou documentalistes se chargent de faire des sélections de sites adressés à leurs collègues de leur discipline, mais aussi aux autres enseignants ainsi qu'aux élèves. On référence alors les sites suivants des thématiques propres aux catégorisations des personnes qui les sélectionnent.

2• Le site d'établissement, qui le fait ?

Le site d'établissement est souvent l'émanation d'une initiative personnelle. Quelqu'un (un professeur un peu versé dans les ordinateurs) va généralement s'investir corps et âme dans son développement et en fonction de la discipline qu'il enseigne et de ses passions, va donner au site une certaine orientation. Progressivement, la charge de travail s'alourdissant au fil des sujets abordés, cette situation se modifie et notre enseignant va chercher de l'aide, tenter de convaincre ses collègues des bienfaits d'une telle démarche.

Dans d'autres établissements, au départ de l'aventure, nous avons un groupe de deux ou trois enseignants qui avec une classe décident de proposer aux autres membres leurs productions réalisées dans un cadre pédagogique propice, comme le sont les parcours diversifiés, les travaux croisés, les groupes Nouvelles Technologies Appliquées de classe de 4e, les TPE, les PPCP... Ce n'est que peu à peu que notre équipe pédagogique va s'initier aux techniques du multimédia, toute seule, ou encore en sollicitant auprès d'elle le recours d'experts en la matière.

Il y a encore d'autres cas de figure, dans le périscolaire par exemple, dans le cadre d'un atelier informatique, d'un club avec un Contrat Emploi Solidarité ou un emploi jeune. L'atelier est créé à la demande d'un groupe d'élèves, ou encore à celle de l'administration qui désire proposer une palette d'activités. Dans ces cas-là, nous trouvons souvent au départ des activités de sensibilisation à l'informatique, à la recherche sur Internet, qui évoluent progressivement vers la production de documents à déposer sur la toile afin d'être vus par tous.

Nous avons commencé par évoquer le cas d'un professeur féru d'informatique, mais il ne faudrait pas oublier les élèves doués, qui commencent à créer des sites personnels et qui parlent beaucoup de leurs établissements scolaires.

Dans tous les cas, gérer un site d'établissement est une activité complexe, qui ne nécessite pas uniquement des aptitudes et des compétences en informatiques. Cela demande des qualités d'organisation, de réelles aptitudes de communication, du talent artistique, des compétences relationnelles... et du temps ! Alors avant de commencer, pensez à vous entourer de collègues chez qui vous avez pressenti de telles qualités, proposez-leur le projet (et non pas votre projet) et surtout, si vous devenez le « chef » du projet, apprenez à déléguer (même à des élèves). En clair, cela doit être le travail d'une équipe entière et non pas celle d'un gestionnaire de site qui se professionnaliserait progressivement.

3• Le site d'établissement, comment le faire ?

Après l'inventaire des ressources humaines, il vous faut évaluer les moyens techniques (scanner, appareils photos, magnétophones...) dont vous disposez et définir les limites de développement du projet. Ensuite, vous aurez la tâche complexe de choisir les logiciels pour développer votre activité. C'est un point crucial, car vous allez passer un certain temps avec l'édition de page HTML et il vous faut rentabiliser ce temps engagé. Pour cela, il est important d'avoir effectué le bon choix dès le départ.

Nous vous proposons plusieurs facteurs à considérer dans notre contexte de production de page dans un établissement scolaire avec des élèves :

- Le coût du logiciel. Il est évident que cette activité doit se faire dans le respect de la loi. Aussi, pour chaque logiciel installé vous devrez justifier de la possession de sa licence d'utilisation.

- Les performances du logiciel. Chaque logiciel aborde la création depuis différents niveaux de difficultés, souvent en fonction des compétences supposées des créateurs. Ils peuvent proposer des performances supplémentaires à l'édition de pages HTML ; certains vous permettent de créer des effets dans des langages comme javascript, des animations en DHTML...

- Sa capacité à gérer et à maintenir le site. Il existe des logiciels très complets, qui en plus de l'édition de pages vous permettent de mettre à jour un site entier, d'effacer les pages devenues inutiles et ensuite d'envoyer ces modifications sur le serveur. C'est une fonction supplémentaire qui rend bien service lorsque vous commencez à avoir un site étoffé.

- La richesse du logiciel en ressources. Certains vous donnent la possibilités d'intégrer des animations, des effets... mais ils en restent là, alors que d'autres mettent à votre disposition de larges bibliothèques d'effets ou d'images. C'est un point à considérer, car cela sera autant de temps en moins dépensé à rechercher des ressources dites « libres de droit ».

- La compatibilité. Pour recevoir sans problème les productions provenant des autres logiciels concurrents. C'est une pratique qui commence à disparaître, mais des éditeurs de logiciels avaient la fâcheuse tendance à se singulariser et à faire en sorte que certains effets produits ne fonctionnent qu'avec leurs outils !

- La difficulté de prise en main du logiciel. Encore un point important lorsque l'on travaille avec des néophytes. Le logiciel doit être le plus intuitif possible et son interface graphique la plus familière. Vous ne devez pas sans arrêt changer d'environnement avec des élèves.

Bien entendu, aucun logiciel ne possède toutes ces qualités. Aussi, nous avons opté pour trois profils d'usages et nous avons suggéré un certain nombre de logiciels. Nos propositions ne sont pas exhaustives, et il existe de nombreux autres logiciels qui peuvent être aussi performants. Nous avons seulement voulu vous en proposer certains que nous connaissons bien pour les avoir utilisés avec nos élèves, ou dans un contexte éducatif.

- Pour les débutants, qu'ils soient élèves ou professeurs, il est judicieux de choisir un logiciel facile à prendre en main, pas trop complexe et peu coûteux, car généralement vous mettrez chaque élève devant un poste. Le logiciel *Composer* de *Netscape*, parce qu'il est gratuit, fait très bien l'affaire. De plus, comme vous pourrez le voir dans les nombreux exemples de cet ouvrage, il permet la création de page de bonne facture.
- Nous avons ensuite le cas des équipes d'enseignants qui sont prêtes à faire un peu de développement pour avoir sur le site des effets, de l'interactivité (formulaire, java, javascript) et des animations (DHTML, *Flash*...). Un logiciel pas trop cher, qui possède toutes ces qualités et qui dispose de nombreuses bibliothèques ainsi qu'un didacticiel conséquent est *Webexpert*.
- Dernière situation, le cas d'un site qui commence à être vaste et qui devient difficile à gérer. La maintenance devient un problème important : il est conseillé alors d'utiliser des logiciels comme *Dreamweaver*, *Golive*, *Front Page*...

Attention, cette expertise a une durée de vie courte, et il vous faut dès maintenant assurer une veille, car il s'agit d'un domaine très changeant. Pour cela, nous vous conseillons de consulter les quelques mensuels spécialisés vendant sur des cédéroms à très bas prix des logiciels professionnels, une fois que la toute dernière version se trouve commercialisée. (Cela a été par exemple le cas de *Macromedia* qui lors de la sortie de la version 4 de *Dreamweaver*, a bradé la version 2 à 45F alors que deux ans auparavant elle était encore à plus de 2000F l'unité !). Vous trouverez aussi des évaluations gratuites de logiciels utilisables pendant un certain temps. Cela vous laisse le temps de les essayer avant de les adopter et bien entendu de les acheter. Enfin, pensez au monde du «graticiel» (*freeware*), du logiciel libre qui met à notre disposition de plus en plus de produits qui sont de très bonne qualité.

4• Le site d'établissement, quel avenir?

Le site d'établissement a de l'avenir. Il est miroir de la vie d'un établissement et projette vers l'extérieur les pratiques pédagogiques internes. Bien qu'au départ, il soit porté à bout de bras par quelques enseignants convaincus des bienfaits des TICE, cette situation évolue rapidement. Progressivement les pratiques pédagogiques les utilisant tendent à se généraliser et les programmes les intègrent de plus en plus. L'année dernière, un label «établissement pilote» a été décerné à de nombreux établissements du primaire comme du secondaire, attestant que des pratiques pédagogiques utilisant les TIC sont développés dans ceux-ci. Après une année d'expérimentation, on s'aperçoit que le premier support légitime des activités TIC est le site d'établissement, et comme on attend entre autres de ces derniers la diffusion des pratiques vers les établissements alentours, on peut supposer que le paysage des sites va rapidement évoluer.

Enfin, un mot du tout dernier vecteur d'incitation aux usages et aux pratiques dans les établissements: le B2I (Brevet Internet et Informatique). Comme vous le savez déjà, puisqu'il est en application depuis novembre dernier, il s'agit d'un diplôme qui atteste de compétences acquises d'abord au cours du cycle primaire, puis dans la première partie du secondaire, par les élèves. Un large champ de ces compétences peut être déployé autour de la création du site d'établissement, que cela concerne la phase d'acquisition, ou encore les temps d'évaluation et de validation des différentes compétences.

Contrairement à certains discours entendus, les enseignants sont très sensibilisés à l'importance du multimédia et de l'Internet (en 2000, 57% de la population enseignante était connectée à Internet à domicile). Pour les enseignants les TIC ne font que compléter la large gamme d'outils pédagogiques déjà existante et ne sont pas, bien entendu, la solution miracle à tous les problèmes posés à l'école. Cependant il s'agit aussi d'outils pour mieux aborder les nouveaux défis associés à la numérisation de l'information, des savoirs, de la formation et ainsi d'éviter que se forme véritablement une fracture numérique.

À l'heure actuelle, nous avons une grande liberté concernant les sites d'établissements. Nous sommes probablement dans une phase transitoire, car les enjeux ne sont pas clairement définis et intégrés par tous les membres de l'équipe éducative. Sur le sujet des sites d'établissement, l'institution demeure assez discrète quant aux prescriptions et aux éventuels cadrages, peut-être est-elle en réalité satisfaite de trouver là quelques bonnes initiatives qu'elle se garderait bien de risquer de tuer dans l'œuf. Il est vrai aussi qu'au regard de la décentralisation, le site d'établissement est de la responsabilité du chef d'établissement uniquement. Tout laisse à penser que l'institution lui fait confiance, et laisse le champ libre à la créativité de l'équipe pédagogique. Les enseignants sont des personnes responsables et soucieuses d'adapter leurs différentes missions avec le droit et la créativité. Alors, bon site !

Quelques adresses :

• Sur **www.educnet.education.fr**, le site institutionnel de référence, le responsable du projet trouvera de multiples renseignements concernant la construction d'un site, le respect du droit, des pistes et des exemples sur les développements pédagogiques possibles.

• Sur le site de l'Académie de Créteil, de nombreuses références de sites d'établissement notamment :

http://www.ac-creteil.fr/clglangevinalfv/welcome.html

2• UN EXEMPLE D'ÉLABORATION AVEC « COMPOSER »

Cette partie est consacrée à la création de sites d'établissement avec des élèves ou des collègues néophytes. L'objectif n'est pas d'essayer d'en faire des professionnels de l'édition pour Internet, mais plutôt de dégager le créateur de tous problèmes techniques et technologiques, afin qu'il se concentre sur les contenus de sa production.

1• Que faut-il avoir pour commencer ?

Pour débuter ou pour créer un site d'établissement avec des élèves et des collègues, il n'est pas nécessaire de posséder les derniers outils du marché.

Il suffit de posséder un logiciel d'édition de page HTML, et un navigateur qui lira les pages réalisées.

Comment choisir un navigateur ?

Les navigateurs ne posent pas trop de problèmes. Ils sont gratuits pour la plupart, s'installent facilement et depuis un certain temps, un navigateur est déjà installé par défaut sur tout ordinateur acheté. Cependant, je vous conseille d'installer sur les machines les deux principaux navigateurs que sont *Netscape Communicator* et *Internet Explorer* car il y a d'importantes différences d'affichage entre eux. Même si on choisit un navigateur, et que l'on axe la production pour un affichage avec celui-ci, on se doit de se préoccuper des visiteurs qui ont fait l'autre choix. Il faut trouver un compromis entre les désirs de communication et l'affichage pour l'ensemble des utilisateurs potentiels du réseau Internet. Pour se procurer les dernières versions de ces navigateurs, il est conseillé de les acquérir à partir des cédéroms vendus avec les revues informatiques du commerce, plutôt que de les télécharger, car cela prend un temps non négligeable et finit par avoir un coût important.

Comment faire pour sélectionner les logiciels d'édition pour des débutants ?

Il faut opter pour des logiciels faciles à maîtriser et disponibles partout, même à domicile. On se trouve devant deux possibilités : soit recourir aux logiciels que l'on possède déjà dans l'établissement et qui permettent de créer des pages HTML en plus de leurs fonctions initiales, soit utiliser les logiciels d'éditions de pages HTML fournis avec les navigateurs. (voir aussi section précédente).

Les dernières versions de logiciels de bureautique, de publication assistée par ordinateur (PAO), de présentation assistée par ordinateur (PREAO), de création d'animation multimédia, donnent la possibilité supplémentaire d'éditer sa production au format HTML. Il y a un avantage indéniable à cela : on continue d'utiliser son logiciel préféré, et son interface graphique se charge de guider l'utilisateur dans la création pour l'insertion des textes, des images, ainsi que des liens. Tout cela ne se fait pas sans inconvénients car la conversion du document se fait souvent dans une version HTML lourde du point de vue de l'encodage, et certaines pages créées posent des problèmes (temps d'affichage importants...). Cela se complique si on doit intervenir par la suite sur ces pages et faire des modifications importantes, cette fois-ci avec un véritable logiciel d'édition, car en plus de la connaissance du HTML souvent nécessaire lors de ces interventions, il faut reconnaître le bon code de l'ivraie ! (Heureusement, certains éditeurs de langage HTML permettent une vérification et la reconversion de ce type de document en fournissant un code HTML expurgé). Le recours à ces logiciels est possible, mais ne doit pas être systématique. Cela implique que les élèves possèdent une bonne maîtrise de ces logiciels, et surtout que l'établissement possède les licences d'utilisation en nombre suffisant et cela reste d'un coût important pour ces logiciels.

La réalisation d'une page dite « Web », c'est à dire au format HTML ne nécessite pas forcement l'utilisation d'un logiciel d'édition difficile et cher. Avec les deux principaux navigateurs pour Internet, un éditeur de page est fourni gratuitement, tel *Composer* pour *Netscape Communicator* ou encore *Front Page Express* pour *Internet Explorer*. Avec ce type d'éditeur, vous ne pourrez pas concevoir des animations sophistiquées en javascript, en Flash et encore moins gérer votre site Internet, mais il est amplement suffisant pour permettre à l'élève de créer des documents de très bonne qualité. *Composer* est simple, sa prise en main se fait rapidement et ne nécessite pas forcément la production de document d'accompagnement, permettant de familiariser l'élève avec l'outil. Il se rapproche du traitement de texte classique dont l'élève a l'usage, maintenant dès la sixième, voire avant.

2• Comment faire pour débuter ?

Ouvrir le navigateur *Netscape Communicator*, puis dans le menu **Communicator**, sélectionner **Composer.**

Dans **Composer**, on dispose de trois barres d'outils :

- La **barre des menus** avec ses menus déroulant très classiques, sans problèmes d'utilisation pour les élèves.
- La **barre d'outils de rédaction** avec des icônes peu nombreuses et assez explicites.
- La **barre d'outils de formatage** avec les outils traditionnels pour formater le texte.

On constate tout de suite qu'une grande partie des opérations à réaliser concerne le traitement de texte (partie en jaune pour le traitement numérique, en vert pour les attributs du texte et en rouge pour le formatage des paragraphes), le reste des icônes correspondant aux particularités du HTML.

Ce n'est pas pour autant que l'on ne pourra pas produire des documents HTML performants avec cet éditeur. En fait, avec ce type de logiciel, on rédige d'abord son texte, on procède à sa mise en page et ensuite on traite les particularités du multimédia. Pour cette raison, le développement qui suit est divisé en trois parties :

- Utilisation de l'éditeur pour réaliser un document de type texte « classique ».
- Utilisation de l'éditeur pour réaliser un document plus complexe avec des images, un tableau.
- Utilisation des particularités de l'éditeur pour réaliser un document hypermédia.

Tous les exemples de cette partie ont été pris sur le site :
http://www.ac-creteil.fr/clglangevinalfv/

3• Utilisation de l'éditeur pour réaliser un document numérique de type texte « classique »

Dans cette partie nous n'aborderons pas dans le détail les possibilités permises du traitement du texte avec cet éditeur de page HTML. Elles sont relativement faciles à manipuler et nous nous contenterons d'en faire une présentation succincte. Par contre, il est important de répertorier les différentes compétences que doit posséder l'élève, en matière de traitement de l'information relatives au traitement du texte dans sa première année du secondaire. C'est avec lui que l'on va créer les pages et il est primordial de connaître ses compétences. Au collège, une discipline, la technologie, aborde la production des documents numériques dès la sixième et permet à l'élève de se familiariser au traitement du texte avec une partie du programme intitulée « Unité pour le traitement de l'information textuelle ». Un texte est proposé à l'élève, et celui-ci, pour un contexte donné, est chargé d'en faire un document de communication. Il le met en forme ou en page, l'enregistre et l'édite. Pendant cette phase, l'enseignant doit éluder totalement l'apprentissage de procédures spécifiques et compliquées d'un traitement de texte particulier. Nous donnons ci-dessous pour information l'ensemble des compétences que l'élève doit s'approprier lors de cette unité, ce qui permet de situer les possibilités réelles de celui-ci. Il ne s'agit pas «d'instrumentaliser» une discipline et de faire en sorte, par exemple, que les textes soient rédigés en français et mis en forme en technologie. Notre propos est plutôt de repérer les compétences des élèves en la matière, de les situer par rapport aux outils d'édition HTML.

Voici la problématique qui est posée à l'élève : un texte «au kilomètre» est proposé, il est ouvert dans l'éditeur de texte, où l'élève a la consigne d'aller le rechercher sur une unité de stockage et de l'ouvrir. L'élève travaille sur les mots, les textes, leurs attributs et génère un document qui progressivement prend du sens en fonction des consignes de l'enseignant. Il en fait ensuite un document numérique (enregistrement sur une unité de stockage) qui sera portable et modifiable à souhait.

Dans ce qui suit, nous avons associé les différentes parties de la **Barre d'outils de formatage** avec les compétences à acquérir par l'élève en situant quelques fois les activités proposées.

Le traitement du texte

• **Mise en forme d'une lettre, d'un mot ou d'une phrase**

Compétence développée : mettre en forme un texte en recourant au gras, à l'italique, au souligné.

L'élève doit pouvoir choisir ou modifier les attributs d'un caractère de lettre ou d'un mot. On lui demande d'agir sur les caractères et de leur affecter des attributs.

Compétence développée : modifier un texte en supprimant, en insérant, en substituant des caractères, des mots, des phrases.

L'élève est initié à la modification du texte, par l'insertion ou encore le **Copier-Coller**.

• Mise en forme d'une ligne, d'un paragraphe.

Compétence développée : mettre en forme un texte en utilisant l'alignement, le retrait de paragraphe, le centrage ou la justification, augmenter ou diminuer le retrait, aligner à droite, à gauche ou encore centrer ou justifier.

Il s'agit là d'effectuer un travail sur la mise en forme d'un document et le sens produit par ces différentes actions.

Exploitation d'un document numérique

Toutes les compétences qui suivent permettent de rendre l'élève autonome pour le traitement d'un document numérique.

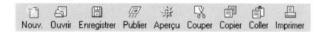

• Édition d'un document

Compétence développée : imprimer un texte.

• Création puis sauvegarde d'un document

Compétence développée : créer un fichier, sauvegarder un texte.

4• Utilisation de l'éditeur pour réaliser un document plus complexe avec des images, un tableau

Un autre stade de la présentation de documents est l'insertion d'objets comme des images, des lignes de séparation et des tableaux. La page est un outil de communication et nous allons utiliser toute la palette d'outils que propose cet éditeur HTML.

Le salon Educatec : (1) tableau avec deux lignes
Le Mercredi 02 décembre 1998, dix élèves de la classe de cinquième multimédia ont présenté le cédérom de l'année dernière sur le stand du Ministère de l'Education Nationale. En direct, un groupe créait des petites séquences multimédias, un autre présentait le service Internet du collège réalisé en 1997.

Pendant ce temps là, le cédérom était diffusé sur un grand écran du stand.

Ce fut pour eux, une journée inoubliable, riche d'enseignements et de souvenirs. (2) image avec un espace de 6 pixels et du texte autour

(3) image d'arrière plan

(4) ligne horizontale

Dans cet exemple extrait d'une page, nous avons une image en arrière plan de la page (3), un tableau (1) dans lequel on a inséré du texte et une image (2) et en dernier nous finissons avec une ligne horizontale (4).

Le tableau est un élément de présentation très important. C'est lui qui permet le mixage harmonieux des textes et des images.

Insertion d'un tableau

Le langage HTML est encore assez frustre pour la présentation de documents. Au contraire des logiciels de PAO, où à notre disposition on trouve des propositions de maquettes comportant différents colonages, avec les éditeurs HTML classiques, on est littéralement obligé de « ruser ». Pour réaliser des pages complexes, on utilise les tableaux et on masque les bordures de ceux-ci afin de les rendre discrets. Il suffit ensuite d'insérer dans les différentes cellules les textes et les images, en prenant soin de laisser des espaces entre eux. Le résultat est souvent de très bonne qualité.

Comme pour toute bonne interface graphique, plusieurs possibilités sont données pour effectuer une opération ; soit cliquer sur l'icône **Tableau**, soit ouvrir le menu **Insérer** et choisir **Tableau** ou encore utiliser le raccourci clavier **Alt I**, puis **Alt T.**

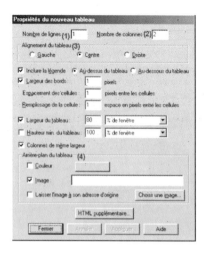

La boîte de dialogue **Propriétés du nouveau tableau** qui s'ouvre alors propose un certain nombre d'options. Nous pouvons élaborer un tableau en choisissant le nombres de lignes (1) et le nombre de colonnes (2). Il est toujours conseillé de faire une esquisse sur le papier auparavant, afin de se faire une idée précise de la future mise en page. Nous pouvons décider de son alignement dans la page, il peut être à droite, à gauche ou encore au centre (3). Nous conseillons d'inclure la légende ; lorsqu'on fera un modèle d'une page, l'élève disposera alors d'un emplacement à sa disposition pour citer les sources.

D'autres attributs sont modifiables, telles que la dimension de la bordure, (sur certains logiciels on décide même de sa couleur), les espaces entre les cellules ou dans la cellule par rapport à la bordure (cela permet d'aérer une présentation et évite d'avoir les différents textes trop proches entre eux ou encore un texte collé à une image).

Il est préférable d'exprimer les dimensions des tableaux (largeur et hauteur minimum) en pourcentage de fenêtre et non en pixels. De cette façon, quelle que soit la résolution d'écran du visiteur (800x600 ou 1024x768...) l'affichage du tableau se fera toujours en pour cent par rapport à ce qu'il est possible d'être affiché par ce moniteur.
Nous pouvons décider d'une couleur de fond ou encore d'une image (4) de fond du tableau (ce qui ne fonctionne qu'avec certains navigateurs).

Insérer une image

À nouveau, il existe plusieurs façons d'insérer une image : soit en cliquant sur l'icône **Image**, soit en ouvrant le menu **Insérer** et en choisissant **Image** ou encore en utilisant le raccourci clavier **Alt I**, puis **Alt I**.

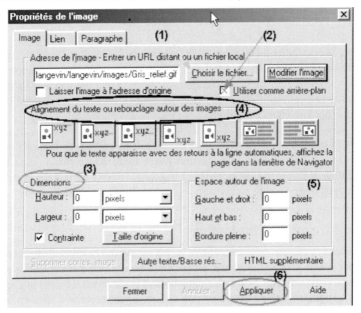

La boîte de dialogue **Propriétés de l'image** propose alors deux options, soit l'insertion d'une image dans la page, soit l'insertion d'une image en arrière-plan.

Première opération : il faut aller chercher l'image dans le répertoire **Images** (où vous aurez placé vos images), en cliquant sur le bouton (1) **Choisir le fichier**. Cela évite à l'élève des erreurs de sélection ou des fautes de frappes. Un conseil : cocher la case **Laisser l'image à l'adresse d'origine**, de la sorte elle restera dans le répertoire **Images**, plutôt que d'être importée dans le répertoire où est la page HTML que l'on crée actuellement.

Si on désire avoir une image en fond de page (2) plutôt qu'une couleur, il faut alors cocher **Utiliser comme arrière plan**. Conseil : éviter certaines photos en images d'arrière-plan car elles surchargent trop la page et la rendent illisible. Chaque fois qu'on effectue un changement, il vaut mieux systématiquement tester le résultat en cliquant sur le bouton **Appliquer** (6) avant de valider définitivement les changements par une action sur **Fermer**.

On a la possibilité de modifier les dimensions de l'image (de son affichage uniquement) (3) et de les présenter soit en pixel ou encore en pourcentage. On peut aussi définir la position d'un texte autour de l'image (4) ainsi que de décider d'un (5) espace autour de celle-ci, ou encore de la création d'une bordure (Bordure pleine).

Si l'on souhaite avoir un texte qui apparaît lors du passage de la souris sur l'image, il faut cliquer sur le bouton **Autre texte/basse rés...**, dans la boite de dialogue qui est proposée et insérer dans **Texte de remplacement** un petit texte de cinq ou six mots, qui apparaîtront au passage de la souris sur la photo. Cela s'appelle une « Info bulle ».

Insérer une ligne horizontale

Sur une page nous pouvons séparer les paragraphes à l'aide de lignes horizontales. À nouveau, quelques propositions nous permettent une mise en page. Nous pouvons définir des dimensions (1), l'alignement dans la page de la ligne (2), et lui appliquer une option supplémentaire d'effet en 3D (3)

5• Utilisation des particularités de l'éditeur pour réaliser un document hypermédia

Les documents au format HTML tiennent compte d'une notion fondamentale de l'édition multimédia, qui est l'hypertextualité produite par l'action volontaire du lecteur (généralement un clic de la souris) sur des liens hypertextes ou hypermédias. Un niveau de complexité est à prendre en compte, c'est la notion de navigation dans ces documents.

Voici les différents éléments qui vont permettre de créer une navigation dans les documents :

Le lien hypertexte externe

Le lien hypertexte est un lien attaché à du texte, qui va envoyer le visiteur vers un autre endroit de lecture. Nous avons plusieurs possibilités concernant cette destination. Elle peut être dans la même page (lien hypertexte interne) ou encore ailleurs dans une autre page. Dans le cas d'un lien externe, la ressource appelée est une autre page, que l'on va demander d'afficher lorsque l'on clique sur un lien hypertexte.

Exemple :
Dans le texte suivant, nous avons une page qui se nomme **« garde96.htm »** et qui est en relation avec la page **« espagarde.htm »** par le lien hypertexte **« En espagnol »**.

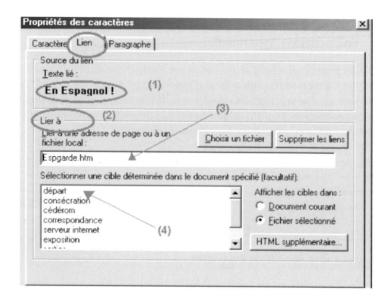

Pour mettre en place un lien hypertexte, il suffit de :

- Avant toutes choses, réaliser les deux pages avec les textes rédigés.
- Ensuite dans la page **« garde96.htm »**, il faut sélectionner la chaîne de caractère **« En Espagnol »** qui deviendra un lien hypertexte.
- Sélectionner l'icône **Lien**
- Renseigner la boite de dialogue **Propriétés des caractères.**
- Aller chercher la page. Sélectionner **Choisir un fichier.**

Le texte (1) **« En Espagnol »** est lié à une autre page (2) qui se nomme **« Espagarde.htm »** (3).

Note : bien que ce ne soit pas le cas ici, il vaut mieux n'utiliser que des caractères minuscules pour nommer ses pages, et éviter bien entendu les accents. Certains serveurs ne reconnaîtraient plus vos pages.

La page qui est appelée peut posséder en son sein plusieurs autres liens possibles, ce sont des liens internes (cibles). Nous avons la possibilité de faire l'appel vers ces liens contenus dans la page, ceci permettra d'afficher un endroit particulier en haut de la page. Par exemple dans cette page

« Espgarde.htm » nous avons les cibles suivantes : **Départ, Consécration, Cédérom, Correspondance...**

Le lien hypertexte interne

La ressource appelée est située ailleurs dans la page. On va devoir d'abord localiser cet endroit précis dans la page. Pour cela il faut déposer une balise à cette endroit de la page à l'aide de l'outil **Cible.** On donnera un nom à cette cible, à ce lieu de destination. Ensuite c'est vers cet endroit là que l'on pointera le lien hypertexte.

Le lien hypermédia

Cette fois-ci, ce n'est plus un texte, mais une image qui va nous permettre de naviguer.

Voici la fenêtre de propriétés de l'image. Elle est semblable à la précédente.

Dans le cas des images, nous avons la possibilité de joindre un texte qui apparaîtra lorsque l'on stationnera un peu de temps sur l'image. C'est une « Info-bulle ». Cette particularité est aussi intéressante si l'utilisateur a désactivé l'affichage des images dans son navigateur. Ce texte apparaîtra alors sur le lien et donnera une indication sur l'image qu'il n'a pas affichée.

Dans cet exemple, nous remarquons la présence d'une cible interne nommée **« 2 »** dans la page **« partenai.html »** et signalée de la façon suivante **« partenai.html#2 »** (3). Cela veut dire que c'est à partir de cette cible que sera affichée la page **« partenai.htm »**.

6• Propriétés générales d'une page

Une page au format HTML possède des caractéristiques qu'il faut connaître.

Si l'on a décidé d'avoir une charte graphique cette partie est importante, car elle va permettre d'adopter des constantes sur les couleurs. Notamment : on peut décider une fois pour toutes (pour tout un site) des couleurs du texte, des liens hypertextes, de l'arrière-plan ou encore d'avoir une image en fond de page. Pour accéder à cette boîte de dialogue, faire un clic de la souris avec le bouton de droite et choisir **Propriétés de la page,** qui permet de définir :

- La couleur du texte (par défaut) de votre page.
- La couleur du lien hypertexte (ici en bleu).
- La couleur du lien hypertexte au moment de la sélection.
- La couleur du lien une fois visité. (lorsque on navigue dans un site, cette information est gardée en mémoire dans votre ordinateur, et lorsque on y revient à nouveau, les liens déjà utilisés sont d'une autre couleur).

En fond de page, on peut décider d'avoir une couleur (ici du vert) ou une image de fond. Il est préférable de choisir une image assez neutre pour ne pas gêner la lecture de la page.

Il est également possible d'enregistrer cette configuration, et de faire appel à celle-ci la prochaine fois que l'on créera une page. Bien pratique pour préserver l'harmonie d'un site !

7• La fonction « Publier »

Cet éditeur est très complet, et il nous reste à étudier la seule commande que l'élève n'utilisera pas, mais qui permet une opération primordiale si on désire être vu du monde de l'Internet : la commande **Publier**. C'est un outil qui permet de transférer les pages de l'ordinateur vers le serveur de l'hébergeur par le biais du FTP (File Transfert Protocol).

La fonction propose deux possibilités : soit envoyer une page avec les images qui lui sont associées, soit toutes les pages incluses dans un dossier.

Dans le premier cas, il faut renseigner alors les éléments suivants :

- Le titre de la page : nom du document qui s'affiche dans la barre du navigateur (dans la barre bleue du haut).
- Le nom du fichier au format : html, htm, shtml...
- L'adresse du serveur FTP : adresse de l'ordinateur qui a pour charge de diffuser des pages sur Internet (celle-ci vous est fournie lorsque vous avez un espace qui vous est alloué par un hébergeur de site)
- Le nom de l'utilisateur : nom du responsable de cet espace (fourni par l'hébergeur également, ainsi que le mot de passe.)
- Le mot de passe pour gérer cet espace. (pensez à ne jamais cocher **Enregistrer le mot de passe** sur les ordinateurs du collège, sinon, toutes les personnes ayant accès à ce poste pourraient alors envoyer des pages et remplacer les vôtres. On imagine aisément les problèmes que cela pourrait causer).
- Si l'on désire envoyer en même temps les fichiers associés à cette page (toutes les images, les sons qui sont des éléments de la page) il suffit de cocher **Fichiers associés à cette page.**

- Dans le cas où on désire envoyer tous les fichiers du dossier de la page il faut cocher **Tous les fichiers du dossier de la page.** La notion de dossier correspond à celle de répertoire (c'est une commande qui va permettre de mettre à jour toutes les pages d'un même répertoire du serveur).

8• Pour finir, quelques conseils

Pour la première page

Évitez un temps élevé de téléchargement de la page d'accueil. Il ne faut donc pas la concevoir avec trop de contenus et d'images, mais au contraire alléger la page d'accueil pour éviter de décourager d'emblée le visiteur.

Pour l'organisation du site

Évitez une gestion des pages avec les cadres (**frames** en anglais). Il y a quelques avantages à organiser son site de la sorte mais les inconvénients deviennent vite conséquents (difficulté de savoir où on est vraiment dans le site, impossibilité de référencer les pages correctement...).

Au sujet de la «netiquette» et de la publicité dans les pages

Lorsque l'on fait une référence à un site et que l'on pointe un lien dessus, la «netiquette» suggère que l'on demande l'autorisation auprès du responsable (Webmestre) de ce site. Faites attention aux conditions de votre hébergeur de site, et notamment au bandeau publicitaire. Vous êtes dans un établissement scolaire et la publicité y est proscrite.

Au sujet de la page et de ses contenus

Pensez à donner un titre pour chaque page. La personne qui effectue une recherche avec un moteur sera bien renseignée de la sorte sur vos contenus, et cela l'aidera à faire son choix. Testez votre site avec une résolution d'écran normalisée. Préférez le 800x600 pixels.

Les images

Il faut à tout prix créer des images légères. D'abord, réduisez les dimensions des images, vous diminuerez le poids de l'image et par conséquent la vitesse de téléchargement. Ensuite, choisissez le format adapté pour compresser les illustrations :

- **Le GIF :** Le GIF autorise le traitement des image en transparence et en "entrelacé" et permet de faire des petites animations (les gif animés). Tous les navigateurs le supportent. Inconvénient, il est en 256 couleurs. On l'adopte pour les dessins, les illustrations et les photos avec peu de détails.

- **Le JPEG (Joint Photographic Expert Group) :** il a été réalisé pour compresser les photographies à haute résolution. La qualité de l'image varie en fonction du taux de compression choisi. Vous l'avez compris, on le choisira lorsqu'on insérera des photos.

Le choix des couleurs dans la page

Choisissez quelques couleurs dans la même gamme et gardez-les pour l'ensemble du site. Si vous désirez habiller votre fond avec une texture, nous vous conseillons alors de la choisir unie : il faut pas saturer la page ; le texte devient vite invisible.

La mise à jour des documents

Il faut penser à la maintenance du site et vérifier souvent les liens qui pointent vers l'extérieur.

Les textes

Attention aux textes trop longs ! Il vaut mieux scinder les textes dans plusieurs pages. On peut se contenter de deux ou trois polices. En informatique, on choisit souvent l'Arial pour les titres et le Times New Roman pour les textes. Évitez certaines polices, qui au départ vous paraissent amusantes, mais que tout le monde ne possède pas : le texte saisit dans cette police risquerait de ne pas s'afficher sur les écrans de ceux qui ne possèdent pas cette police !

Créer des pages en classe : les enjeux pédagogiques

La création de pages par la classe est un exercice assez facile autant pour les élèves que pour les enseignants. Elle peut en effet se limiter à une seule page que les élèves ont mis en forme, qui peut contenir à la fois des textes, des illustrations, et quelques liens de navigation. Cette activité concerne toutes les disciplines et peut faire également l'objet d'un travail collaboratif interdisciplinaire (TPE de lycées, travaux croisés de 4e, parcours diversifiés de 5e, PPCP de lycées professionnels).

La création de pages se fait généralement en classe et fait appel à des compétences pédagogiques que nous avons décrites dans une première partie ci-dessous qui propose un exemple possible de création de pages : le reportage interactif. Nous avons choisi un exemple qui va au-delà de la simple création de pages, cependant, nous le rappelons, cela peut être un simple exercice, une rédaction ou des travaux divers mis en ligne.

Dans notre seconde partie, nous discuterons d'aspects techniques, puis nous présenterons un cadre de travail pour la production de pages (la création d'une maquette, puis l'utilisation de cette maquette pour créer des pages). Nous précisons que l'intérêt de cette maquette est de donner la possibilité à l'élève de mettre en forme son projet avec une guidance sur le poste de travail. Cela permet à l'enseignant d'aborder avec plus de tranquillité le travail de fond.

1• ASPECTS PÉDAGOGIQUES D'UN REPORTAGE INTERACTIF

Le reportage interactif est une restitution d'un événement vécu par les élèves à l'occasion d'une manifestation, d'une présentation sur un salon ou dans l'établissement. Il peut s'agir également d'un compte rendu de visite au musée, de la restitution d'un voyage à l'étranger ou encore d'un rapport de stage. Le travail consiste à prendre sur place des photos, à faire des interviews et à se documenter pour, au retour, mettre en forme un reportage interactif diffusé en ligne sur le site d'établissement.

Le reportage, par le nombre de situations à aborder et selon la nature des informations à traiter, permet des exploitations pédagogiques diverses. Il peut être mis en œuvre dans le cas d'un projet disciplinaire de collège comme en technologie par exemple ; il peut aussi être le support d'un travail transdisciplinaire réalisé dans une situation pédagogique particulière comme les travaux croisés ou les TPE ; ou encore être exploité tout simplement dans une seule discipline, permettant à l'enseignant d'aborder un thème transversal comme l'éducation à l'image et aux média à partir d'un support concret.

Si on prend le cas de nos collègues de technologie, le reportage devient le prétexte (produit à réaliser) pour la mise en œuvre de la pédagogie de projet. La production du reportage sera généralement considérée par l'élève comme la finalité de son étude alors que pour l'enseignant il est le support concret d'intentions pédagogiques plus vastes qui lui permettent, dans une situation réelle, de développer la démarche technologique de projet avec tout son arsenal (analyse du besoin, analyse fonctionnelle, cahier des charges...), habituellement difficile à contextualiser.

On peut concevoir un reportage très simple en ne s'attachant qu'à la phase de réalisation, et se partager le travail à faire entre plusieurs disciplines en fonction de la pertinence du sujet et des objectifs de chacun. On utilise alors la richesse de la situation pour développer des compétences ou acquérir un savoir, savoir-faire ou savoir-être.

En plus des objectifs disciplinaires et transdisciplinaires, nous pouvons nous servir de cet exercice pour aborder des thèmes transversaux comme la citoyenneté ou l'éducation à l'image et aux médias comme nous allons le voir par la suite.

Dans ce travail, nous proposons une approche pédagogique de la création de pages HTML grâce à un reportage interactif, quelques pistes de réflexion, des sujets d'études, et d'autres activités connexes qui émanent d'un projet plus vaste réalisé dans le cadre des parcours diversifiés de 5e ou encore des travaux croisés de 4e. Nous l'avons développé avec plusieurs collègues (technologie, mathématiques, histoire-géographie, art plastique, musique, langues).

Avec les élèves, nous avons maintenant l'habitude de traiter le reportage de la façon suivante : la présentation générale se fait sur la page d'accueil suivant des codes prédéfinis. Il y a plusieurs zones de communication dans la page telles que titre (accrocheur) qui donne la nature de la situation, le lieu et le moment, puis vient la zone de texte qui développe nos interventions et en dernier une mosaïque de vignettes (petites photos) qui permettent la navigation vers les autres pages du reportage afin d'entrer dans le vif du sujet.

Vous trouverez un exemple de ce travail à l'adresse suivante :
http://www.ac-creteil.fr/clglangevinalfv/matignon_sur_langevin/matignongene.html

L'exercice est composé de deux axes principaux qui se trouvent imbriqués ; une réflexion sur la forme de la présentation associée à un travail sur l'étude du sens. Les cinq points suivants représentent les différentes phases du travail de préparation en amont pour le professeur.

1 • Étude de la nature du reportage : le projet à son commencement

Il s'agit d'un travail éditorial par excellence qui comportera diverses opérations réalisées par un comité de rédaction : déterminer la ligne directrice du reportage, choisir la nature de son contenu, créer une identité... L'élève ou le groupe devra se poser de nombreuses questions et tenter d'y répondre d'une seule voix : quelles sont les intentions des rédacteurs et comment vont-ils pouvoir y parvenir ? Que devons-nous couvrir de l'événement ? Qu'est-ce qui sera vu, lu, ou entendu par le visiteur, que va t-il en penser et en retenir ?

Nous profitons de cette phase de cadrage du reportage pour développer les compétences nécessaires au travail en groupe et au travail coopératif. C'est un moment d'échanges intenses, où l'on confronte ses idées et où des compromis doivent être adoptés. Cette partie est pilotée par des objectifs comportementaux.

Exemples (en fonction des activités) :

- J'écoute les autres quand ils interviennent et je réfléchis avant de réagir aux idées qu'ils ont exposés ;

- Dans mon groupe, on a tous des tâches différentes, je comprends cela et je le respecte ;
- Pour le travail du groupe, je participe (ex : j'exprime des idées nouvelles, je prends des initiatives…) ;
- J'interviens pour que les relations se passent bien et sans conflit dans mon groupe…

Ces objectifs sont répartis sur l'ensemble des activités du projet. L'évaluation de ces savoir-être se fait conjointement par l'élève et le professeur suivant une échelle de gradation qui, en cinq paliers, va du « je ne fais pas » à « je l'ai réalisé » en passant par « j'ai encore des progrès à faire »… La validation est définitive lorsqu'un objectif a été validé deux fois de suite. La grille d'objectifs est remplie par l'élève et validée de temps en temps par le professeur. C'est lors de cette phase qu'il y a une harmonisation de l'évaluation et une discussion sur les résultats présentés. C'est une partie fondamentale de notre projet qui permet de sociabiliser nos élèves et qui va notamment les préparer à acquérir des attitudes positives à adopter lors des interviews.

Nous avons décidé de créer cinq types de documents pour ce travail de restitution en veillant à ce que la diversité des traitements et la retranscription ne dénaturent pas les intentions générales.

Il s'agit de :

- La page d'accueil avec une présentation générale de l'événement et des photos en vignette pour naviguer dans les pages ;
- le traitement de l'aspect temporel ou chronologique de l'événement avec toutes ses facettes (déroulement des interventions) ;
- une présentation de la teneur, de l'ambiance de l'événement avec la présentation des visiteurs, de leur qualité ;
- des interviews sous forme de questions / réponses sur des sujets donnés ;
- une page de remerciements.

2• Étude de la mise en page : organisation et pré-requis

À partir des différents modèles dont nous disposons et de ceux que nous pouvons observer sur Internet, les élèves identifient les contraintes, analysent et discutent les choix de présentation, déterminent des moyens de navigation, argumentent et proposent un document de travail.

Dans cet exemple, nous voulons une présentation permettant :

- la lecture facile et la compréhension aisée du document ;
- une navigation intuitive et simplifiée ;
- trois zones principales d'information (un titre, un texte et une photo) ;
- le respect des règles typographiques les plus courantes (à savoir, deux polices de caractères uniquement) ;
- un affichage de la page sans barre de défilement (communément appelé ascenseur) dans un écran de 800x600 en 15 pouces ;
- un temps de chargement très rapide (3 secondes au maximum pour une connexion avec modem) pour toutes les pages annexes.

Dans le cas de l'élaboration d'un cahier des charges, on aurait en plus à considérer le temps de réalisation du projet, les compétences humaines à posséder, les matériaux et matériels nécessaires, le coût de la réalisation, les contraintes (graphiques)...

L'adoption du mode de mise en page final se fait après un débat ; il est suivi par une validation orale et par la rédaction d'un document qui précise les points essentiels. Il est très important que cela soit formalisé puis rédigé afin que le tout prenne la forme d'un contrat à réaliser. Ce document peut s'apparenter à une charte graphique associé à un cahier des charges ou plus simplement à un cahier de recommandations.

Par exemple voici ce que nous pouvons obtenir :

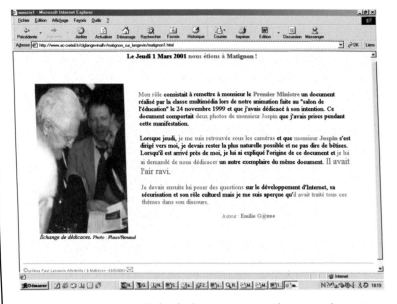

Ce document est composé de plusieurs zones : un titre, une photo et un texte, un pied de page et une image en fond de page.

3• Étude de la navigation : un travail sur le sens

L'étude de la navigation à partir des liens hypermédias nécessiterait un développement plus important. Ce n'est pas le propos de ce chapitre. Toutefois, voici différents points qui sont déterminants pour choisir le système de navigation de ce type de présentation.

L'identification d'un parcours de navigation

Nous voulons une lecture rapide du reportage et un parcours facile. Le visiteur doit prendre connaissance progressivement de la situation grâce à un va et vient entre les différentes pages et la page d'accueil.

La détermination du statut des documents (type et niveau)

Dans notre cas, hormis la page d'accueil du reportage, tous les documents sont du même niveau hiérarchique. La profondeur des liens est de niveau 1, c'est-à-dire que nous n'avons pas de parcours transversaux entre les pages du reportage où encore des accès vers d'autres rubriques du site Internet.

Nature des liens de navigation

Nous voulons une navigation discrète et intuitive, plus éventuellement, en bas de page, un système classique de navigation au cas où le visiteur ne comprenne pas notre système ou désire sortir du reportage. Nous désirons ensuite une interactivité possible entre nous et le lecteur, par l'échange d'e-mail. Ici, la photo sera l'élément de navigation principal. C'est un lien hypermédia. Pour les éléments de navigations auxiliaires, dans le pied de page, nous décidons d'un retour à la page d'accueil du site par le mot « col- lège » et d'un retour à l'accueil du reportage par « à Matignon ». Quant à l'interactivité avec le lecteur, elle se fait grâce à l'image d'une enveloppe qui sera un lien qui permettra d'envoyer un courrier au responsable de la page en ouvrant le logiciel de messagerie du visiteur.

4• Étude des zones de communication : un exemple d'analyse de l'information

Dans les documents multimédias, les textes et les images sont indisso- ciables. Les images sont les supports visuels du texte et renforcent le mes- sage et la compréhension de l'ensemble du document sans alourdir le propos. Bien entendu, il y aura des activités spécifiques aux textes ou aux images, mais lorsque cela sera fait, il faudra penser à l'interaction entre les différents éléments et à ses conséquences sur les productions voisines. Par exemple, lorsqu'on choisira un cadrage, l'opération de découpage de la photo devra se faire en présence du texte afin de ne pas supprimer des élé- ments importants évoqués par le rédacteur.

L'objectif général qui pilote l'ensemble de cette partie pourrait par exemple être : savoir identifier des informations, les mettre en relation et rédiger un document de synthèse.

Traitement des images : un exemple d'éducation à l'image

C'est le moment de faire un travail d' « éducation à l'image et aux médias ». On dispose en effet de nombreuses situations permettant de développer les capacités d'observation, de repérage, d'analyse, de synthèse. Il y a une réflexion à mener autour de l'image, de ses codes, de son message...

En fonction des objectifs, on peut mettre en place beaucoup d'activités différentes : identification du type de plan, étude des notions de plan principal et d'arrière-plan, analyse des lignes de force d'une image et de ses conséquences sur le sens à donner, repérage des éléments importants à évoquer, développement des idées possibles avec ce plan, détermination du nombre de personnes réellement concernées dans l'image et étude du sens des regards de ces personnes...

Après cette analyse de la photo, on demande à un élève ou deux de décrire oralement la situation pendant qu'un autre élève prend des notes.

Il y a quelque fois un travail de retouche à faire sur la photo tel que le recadrage, ou encore l'ajout, la suppression, la modification, ou le masque des informations visuelles. C'est généralement l'enseignant qui le fait sous la conduite de directives prises en commun.

Travail sur le texte : un exemple de formalisation

Cet exercice exige pour la partie rédactionnelle un travail particulier. Il permet de développer chez l'élève des qualités de rigueur, de concision, de clarté dans l'expression, et en même temps il lui faut faire preuve de création et d'imagination car il ne faut pas rendre le reportage soporifique. Le style doit être direct, sobre, épuré mais pas forcément dépourvu d'humour. La nature de l'événement est primordiale et comme on est rarement invité à des manifestations ennuyeuses on essaie alors de traiter un point amusant de l'événement et d'entraîner l'élève à être un peu plus facétieux dans ses écrits.

Il s'agit ici d'un reportage, pour lequel nous avons décidé de détailler plusieurs situations. Nous avons un échange de propos entre un néophyte et un expert, la description de l'événement depuis son annonce jusqu'à son achèvement, et enfin une page décrivant le moment jugé le plus fort de l'événement. À cet instant il faudra le caractériser, développer ses tenants et aboutissants, en prenant position et en y mettant une certaine charge émotionnelle.

La diversité de ces trois développements nous a permis de faire un travail sur la nature de la composition (le reportage, le récit, l'interview...), d'aborder le problème du choix des temps à employer (du passé simple à l'imparfait ou encore du passé composé au présent de narration...), de déterminer un rythme de lecture en fixant un nombre de paragraphes acceptables. Ensuite, il y a tout un travail de réflexion et de créaion à réaliser, sur le choix de la police de caractère, sur les attributs des lettres, sur l'insertion de caractères spéciaux (@)...

Par exemple, nous avons décidé d'attribuer une couleur pour une personne ou encore un lieu (dans notre exemple, le trait est peut être un peu forcé, mais nous avons choisi trois couleurs pour le reportage ; le bleu pour Matignon et le Premier ministre, le rouge pour l'auteur du récit et un fond blanc). Autre exemple : pour rappeler des éléments du discours du Premier ministre nous concernant, je le cite «*En témoignent les élèves du collège Paul Langevin d'Alfortville qui circulent parmi nous pour effectuer un reportage numérique sur la Fête. Faisant preuve d'un véritable talent dans l'utilisation du multimédia, ils incarnent l'enthousiasme des jeunes pour l'Internet et, à leur façon, nous montrent le chemin à suivre*». Après un «remue-méninges» sur cette phrase, nous avons dégagé trois mots-clés (élèves, reportage, Internet) qui nous semblaient les plus significatifs afin de renforcer la notion de reportage associée à nos compétences sur Internet. Ainsi, nous avons décidé que lorsque l'on signerait l'article, on remplacerait la lettre «a» par @. Ainsi pour Hawa nous obtenons «auteur : H@w@». (La signature est associée au reportage, la lettre @ à Internet et intégrée dans le nom de l'élève).

Le titre : un apprentissage de la concision

Le choix d'un titre se révèle être un exercice de réflexion et d'analyse très riche. Sa présentation doit être soignée car il doit évoquer la situation traitée par la page entière et provoquer immédiatement l'intérêt du lecteur. Pour cela on peut le personnaliser et utiliser une police de caractère particulière ainsi que des effets de couleur. Un conseil : éviter tous les effets spéciaux telles les animations en javascript qui sont longues à charger, qui parasitent bien souvent le message et gênent la compréhension. Il en est de même des effets de clignotement qui fatiguent l'œil et continuent alors que vous tentez de lire la suite.

Identification des auteurs et des sources du document : une sensibilisation aux droits d'auteur

Le texte doit être signé, la source et l'auteur mentionnés et la photo est quelquefois assortie d'une légende. C'est un point non négligeable du reportage car il permet d'aborder la question de la citoyenneté présente dans nos programmes. Voilà un thème transversal par excellence qui doit être traité dans toutes les disciplines mais qui se trouve souvent évacué parce qu'il est difficile de trouver des exemples de situations pertinentes. Bien entendu, on peut puiser dans l'actualité des sujets proches des centres d'intérêts des élèves et ainsi parvenir à obtenir une certaine attention. Mais cela reste souvent pour les élèves des cas d'écoles ou des exercices que le professeur sort de son chapeau et qui les laissent perplexes, voire dubitatifs. Et il suffit d'évoquer la copie de musique en ligne, le piratage des logiciels, la duplication des cédéroms... pour avoir droit à des sourires polis accompagnés d'échanges entre les élèves de regards complices. Ne leur jetons pas l'anathème trop rapidement, nos élèves manquent cruellement de points de repères sur le sujet et ce n'est certainement pas les sollicitations commerciales actuelles qui vont les inciter à réfléchir à toutes les conséquences qu'entraînent l'acte de graver ou de copier.

La citation des sources et la création des œuvres vont permettre d'aborder des sujets en mettant l'élève dans une situation de réflexion et d'évaluation de sa production mais aussi du travail des autres. Dans cette partie, nous profiterons du renversement des rôles et entamerons un débat contradictoire. De copieurs, ils se retrouvent « copiables » ! Certains découvrent la situation de l'arroseur arrosé et après avoir soutenu et argumenté en faveur de la possibilité d'emprunter le travail d'autrui, ils deviennent des victimes vindicatives. D'autres prennent connaissance de leur ignorance en la matière et réalisent la nécessité de protéger une composition sous certaines conditions.

L'élève qui crée et utilise des ressources se doit donc de connaître quelques règles fondamentales. Pour cela la photographie est un support d'étude intéressant en raison de la double nature de la réflexion à mener. Il faut distinguer la photographie elle-même et le sujet de la photographie. Elle est en effet l'objet de droits qui concernent aussi bien l'auteur de la photographie que les sujets représentés. Il faut donc obtenir du photographe l'autorisation de présentation, de modification ou de reproduction de son œuvre. Mais cela n'est pas tout: suivant la nature du sujet représenté, il faut solliciter d'autres autorisations pour présenter l'information contenue dans la photographie, qu'il s'agisse de l'image d'une personne, d'un monument ou d'une marque.

Aux notions de propriété de l'œuvre nous pourrons rattacher le travail de création nécessaire et éventuellement la rétribution qui en découle. On évoquera aussi le fait que les œuvres sont protégées par le droit d'auteur même lorsqu'elles sont mises en consultation sur un espace public, qu'il soit virtuel comme Internet ou encore d'accès gratuit.

Nous avons là un ensemble de situations complexes et il est facile ensuite de généraliser ces réflexions sur les autres supports ou encore de considérer les écarts de comportements par rapport aux gardes-fous que sont les règlements. Pour le coup, il s'agit d'un bon prétexte pour aborder la dualité des droits et des devoirs. L'élève va pouvoir se positionner par rapport à certains comportements sociaux, s'initier aux problématiques des droits sur la création et de la protection de l'image. C'est une bonne occasion de développer le respect de l'autre, des règles communes, ainsi que d'approcher les questions juridiques et législatives.

Le fond de page

Nous sélectionnons la même image de fond pour l'ensemble des pages de ce reportage ; cela le personnalise et lui donne une unité graphique. Ensuite, nous utilisons un fond de page différent pour chaque autre reportage, en essayant de trouver à chaque fois une image qui renforce le message contenu dans les pages.

Le pied de page

Il est identique pour toutes les pages du reportage. Celui-ci comporte des éléments de navigation associés à des informations. On a généralement le nom du collège (qui est un lien hypertexte et qui renvoie à la page d'accueil), l'année de l'action, un nom générique de l'action et une adresse e-mail pour permettre une correspondance.

5• L'interêt pédagogique de ce mode de travail

Le reportage est une activité intéressante du point de vue de l'organisation des séquences de cours. Il a une durée de traitement assez courte par rapport au temps scolaire puisque toutes les informations sont collectées pendant une période très courte. Ainsi, le professeur est à l'abri des problèmes posés par les ambitieux projets de création de site Internet complexe qui durent une année et qui finissent par péricliter. Les élèves sont alors démobilisés par l'absence de résultats rapides (il manque les photos d'untel, etc...).

Mais d'autres problèmes de taille peuvent surgir et ainsi compromettre l'activité toute entière. Le reportage est un événement qu'il faut retranscrire rapidement et le temps joue contre nous dans cette activité qui fait beaucoup appel à la mémoire. Il faudra être vigilant et ne pas laisser trop de temps aux élèves pour passer au stade de la rédaction. Il faut s'organiser en amont, prévoir la diversité des opérations nécessaires aux traitements de l'information et évaluer la durée de toutes les tâches. C'est un moment de travail intense pour l'ensemble des membres de l'équipe (enseignant compris). Il faudra collecter toutes les informations, les recenser, les trier, organiser toutes les ressources avant de pouvoir réellement commencer la rédaction et cette période de préparation devra être la plus courte possible.

Du point de vue du document, il y a plusieurs avantages à adopter ce mode de représentation. Le premier est que l'on peut apporter des modifications importantes à la présentation sans trop toucher à l'ensemble du document. Le système d'organisation de l'information est très flexible, et chaque sujet est indépendant des autres. Désire-t-on ajouter la contribution d'un élève en retard ou encore changer les intentions d'un article (passer de la présentation de l'événement à l'analyse critique d'un moment de l'événement)? Il suffit de changer de vignette. Veut-on couvrir un événement qui se produit pendant une semaine entière? Cette structure en tableau et vignette permet de changer périodiquement les articles et d'effectuer le traitement de l'actualité en continu. Il faut toutefois ne pas exagérer le nombre de vignettes (donc de situations). Une dizaine de vignettes devraient suffire pour traiter un événement; au delà on provoque du «bruit» dû à une surabondance de propositions, une dispersion de l'information et la perte d'intérêt du lecteur.

2• RÉALISATION D'UNE PAGE À PARTIR D'UN MODÈLE

Le modèle est une proposition de maquette aidant à la mise en forme de pages. Il est possible d'utiliser ce modèle pour de nombreuses productions.

Nous devons en effet mettre en ligne notre reportage, or il comporte de nombreux articles; aussi il va falloir trouver un mode commun de présentation de notre information et définir un style.

On l'a vu précédemment, lorsqu'on observe un journal, page après page, on distingue une certaine harmonie. On constate que de nombreuses pages sont présentées de la même manière, qu'il y a des constantes dans la façon de traiter l'information. Cela le personnalise, lui donne une «âme». C'est un point important de l'édition car il faut faciliter la lecture et conserver au fil des pages la ligne éditoriale du numéro, la politique du comité de rédaction...

Pour notre reportage, nous procèderons de la même façon. Nous allons créer un modèle qui nous servira pour toutes les pages de l'événement. On pourra éventuellement le réutiliser chaque fois que nous aurons un reportage à commenter ou en construire un autre à partir de celui-ci.

Voici un rappel des choix de mise en forme que nous avons fait plus haut dans notre exemple :

- la lecture facile et la compréhension aisée du document,
- une navigation intuitive et simplifiée,
- trois zones principales d'information (un titre, un texte et une photo),
- le respect des règles typographiques les plus courantes à savoir, deux polices de caractères uniquement...
- un affichage de la page sans barre de défilement (communément appelé ascenseur) dans un écran de 800x600 en 15 pouces,
- un temps de chargement très rapide (3 secondes au maximum) pour toutes les pages annexes.

Voici la proposition à réaliser :

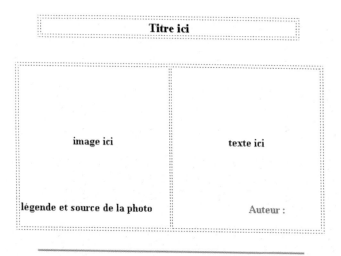

Collège Paul Langevin Alfortville / à Matignon / 01-03-2001

1• Structuration et organisation

Vérifiez les ressources sur l'espace de votre disque dur. Sur le disque dur de votre ordinateur, créez un répertoire **projet de reportage.** Créez un sous-répertoire **images** et un sous-répertoire **maquette.**

2• Création du document au format HTML

Phase 1 : création d'une page vierge
a) Lancer le navigateur pour Internet *Netscape Communicator* (pour télécharger gratuitement *Netscape Communicator,* aller sur) :
http://home.netscape.com/fr/download/index.html

b) Lancer *Netscape Composer,* le logiciel d'édition de page Web : dans *Netscape Communicator*, choisir **Communicator**, puis dans le menu déroulant **Composer.**

c) Créer une page Web vierge : cliquer sur l'icône **Nouv** et choisir **Page vierge.**

Phase 2 : formatage des propriétés de la page

Il s'agit de paramétrer les liens hypertextes et le fond de page :
a) Cliquer avec le bouton droit de la souris dans votre page, et choisir **Propriétés de la page.**

b) Cliquer sur l'onglet **Couleurs et arrière plan.** Choisir **Utiliser les couleurs personnalisées.** Consultez votre charte graphique pour les couleurs des liens et l'image d'arrière plan (prendre bleu pour texte normal / marron pour texte du lien / rose pour texte du lien activé / vert pour texte du lien suivi et enfin pour l'arrière plan, choisir dans le répertoire **images**, le fichier **gris.gif).**

c) Cocher pour **Enregistrer ces paramètres pour de nouvelles pages** et laisser l'image à l'emplacement d'origine.

Phase 3 : enregistrer la page
Il faut conserver ses données. Nous allons sauvegarder ce document au bon endroit sur le disque. Le format de l'extension du fichier est html (c'est le format utilisé pour les pages Web lues par les navigateurs). Enregistrer la page sous un nom, par exemple **page _1**, dans votre répertoire. Ne pas attribuer pour l'instant de titre de page.

Phase 4 : visualiser sa page
Tout au long du travail de création, il faut valider la mise en page. Cliquer sur l'icône **Aperçu** pour visualiser le résultat de votre travail avec un navigateur.

3• Insertion d'éléments dans la page (texte, images…)

Nous allons maintenant nous occuper de la mise en page des textes et des images. Le langage HTML est encore assez frustre pour la présentation de documents. Généralement, pour réaliser des pages complexes, on utilise des tableaux et on masque les bordures de ceux-ci afin de les rendre discrets. Ensuite on insère dans les différentes cellules les textes et les images en prenant soin de laisser des espaces entre eux. Le tableau est un élément de présentation très important. C'est lui qui permet le mixage harmonieux des textes et des images et le résultat est souvent de très bonne qualité.

Phase 1 : insérer des tableaux dans la page

Nous allons créer le tableau du titre.
a) Dans la barre des icônes, choisir **Tableau**. Créer un tableau, centré dans la page et d'une largeur de 80 % avec une ligne. Il devra posséder :

- une largeur de bords de 0 pixel,
- un espacement des cellules de 5 pixels,
- un remplissage des cellules de 3 pixels.

b) Dans la page de *Composeur*, créer deux lignes (valider) afin d'aérer la page.

Nous allons créer maintenant le tableau principal :
a) Créer un tableau, centré dans la page et d'une largeur de 90 % avec 1 ligne et 2 colonnes. Il devra posséder :

- une largeur de bords de 0 pixel,
- un espacement des cellules de 5 pixels,
- un remplissage des cellules de 3 pixels.

b) Valider. (Pour revenir aux propriétés du tableau, cliquer dans celui-ci (bouton de gauche), puis cliquer avec le bouton contextuel (de droite) et choisir **Propriétés du tableau**).

Phase 2 : réaliser un « pied de page »
a) Créer à nouveau trois lignes dans l'éditeur (valider tout simplement). Afficher les marques de paragraphes **Affichage**, puis **Afficher** et **Marques de paragraphes**. Gardez-les si vous le souhaitez.

b) Créer une ligne horizontale : hauteur 5 pixels, largeur 90 % de la fenêtre, alignement au centre, ombrage 3D.

c) Créer une ligne dans l'éditeur (valider tout simplement).

d) Ensuite écrire :
Nom du collège / nom de l'événement / date / 01-03-2001.
Attributs : police : vectorielle – taille de la police 12 – couleur de la police rouge.
Exemple : Collège Paul Langevin / à Matignon / 01-03-2001.

Phase 3 : identifier les zones

a) Dans la zone de titre, écrire « Titre ici » avec les attributs suivants :
police : vectorielle – taille de la police : 14 – couleur de la police : noire
– alignement : centrer.

b) Dans la zone de l'image, écrire « Image ici » avec les attributs suivants :
police : vectorielle – taille de la police : 12 – couleur de la police : noire
– alignement : centrer.
puis écrire « Légende et source de la photo » avec les attributs suivants :
police : vectorielle – taille de la police : 12 – couleur de la police : noire
– alignement : aligner à gauche.

c) Dans la zone du texte, écrire « Texte ici » avec les attributs suivants :
police : vectorielle – taille de la police : 12 – couleur de la police : noire
– alignement : centrer.
puis écrire « Auteur : » avec les attributs suivants :
police : vectorielle – taille de la police : 12 – couleur de la police : rouge
– alignement : aligner à droite.

Phase 4 : voir sa page
Cliquer sur l'icône **Aperçu** pour visualiser le résultat de votre travail dans
le navigateur.

Phase 5 : enregistrer la page
Enregistrer la page sous un autre nom, par exemple **maquette_repor-
tage_1** dans le répertoire maquette.

4• Création d'une page à partir d'un modèle

a) Lancer le navigateur Internet *Netscape Communicator*.

b) Lancer *Netscape Composer,* le logiciel d'édition de page Web : dans *Netscape Communicator*, choisir le menu **Communicator**, puis dans le menu
déroulant **Composer.**

c) Créer une page Web à partir d'une maquette : cliquer sur l'icône **Nouv**,
sélectionner dans la boîte de dialogue **Créer une nouvelle page** et choisir l'option **À partir du modèle**. Dans la boîte suivante cliquer sur le bou-

ton **Choisir le fichier** et dans le dossier **Modèle de reportage** ouvrir la page **maquette_reportage_1** dans le répertoire **Maquette**.

Phase 1 : travail sur l'image de la zone de « message »
Pour insérer une image dans le tableau de la page :
a) Cliquer dans la cellule, puis sur l'icône **Image** de la barre du menu.

b) Cliquer sur **Choisir le fichier**, sélectionner l'image dans le répertoire **Images**.

c) Cocher la case **Laisser l'image à l'adresse d'origine**.

d) Insérer le texte de la légende et l'origine de la photo en dessous de celle-ci.

Créer un lien hypermédia : cette image est un élément de navigation et nous allons la lier à une autre page. Nous allons en faire une zone qui réagira au passage du curseur de la souris et qui, au clic, renverra au sommaire du reportage.
a) Cliquer sur l'image avec le bouton contextuel (de droite) et choisir **Créer un lien en utilisant la sélection**. Aller chercher le fichier **Reportage_-accueil**, nom de la page d'accueil.

b) Valider son travail.

c) Cliquer sur l'icône **Aperçu** pour visualiser le résultat dans le navigateur.

Phase 2 : travail sur le texte de la zone de « message »
Cliquer dans la cellule correspondant à la zone de texte (zone de droite) et saisir le texte. Respecter les consignes d'écritures (*exemple* : mettre le texte à gauche, pour l'auteur remplacer la lettre a par @...).

Phase 3 : travail dans la zone titre
Cliquer dans la cellule correspondant à la zone de titre et saisir le titre.

Phase 4 : enregistrer la page.
Enregistrer la page sous un autre nom, **votre_nom_reportage_1** dans le répertoire.

Autre possibilité : le travail différé. Nous avons déjà fait des choix, et l'on propose à l'élève la partie rédactionnelle.

Bien entendu, ce travail peut être réalisé par les élèves sous le contrôle et l'assistance du professeur. Il peut aussi être réalisé en différé, avec une première étape de devoir à la maison où l'élève prépare son texte puis l'intègre au cours suivant dans la page, etc...

L'échange collaboratif en ligne

Internet offre aux professeurs une variété immense de sources d'information, dont la plus connue est le Web. Les sites Web offrent à partir des moteurs de recherche une information qui, dans la plupart des cas, ne répond pas toujours rapidement à un besoin précis ou à une question particulière. Par exemple, si vous lisez un roman en langue étrangère et qu'une expression idiomatique vous pose problème, il est probable que vous ne pourrez pas trouver de réponse sur le Web. De plus, le contenu d'un site Web est statique, et il n'y a pas vraiment d'interaction entre l'internaute et le concepteur du site. Enfin, les informations disponibles sur le site Web ne sont pas toujours mises à jour régulièrement. Il existe sur Internet d'autres moyens que le Web pour trouver des informations. Certains de ces moyens sont parfois plus efficaces et pratiques que la toile, surtout si votre besoin d'information est très ciblé.

Trois grands systèmes utilisent les possibilités offertes par le courrier électronique exploité dans un système de travail collaboratif (ou d'échange) asynchrone, c'est à dire lorsque l'information peut-être consultée en différé ou archivée. Ces systèmes ont été mis en place aux débuts d'Internet par les grandes universités américaines, pour échanger rapidement des informations : ils sont rodés, rapides, peu gourmands en ressources et très performants.

Les pages qui suivent vont vous les faire découvrir, et vous verrez que leur utilisation régulière peut rendre de grands services à un professeur. Leur emploi est rapide, peu cher, et ne nécessite pas de téléchargement long de pages complexes remplies de scripts que votre navigateur risque de ne pas savoir lire. Au contraire, ces systèmes de travail collaboratif vous permettront d'échanger facilement des informations avec des individus qui vous ressemblent, ont les mêmes préoccupations que vous, et les mêmes problèmes dans un domaine particulier. Ces échanges vous permettront de gagner du temps en profitant de l'expérience des autres, mais vous pourrez aussi partager vos trouvailles, vos réussites, et vos erreurs.

Ce système de travail collaboratif basé sur le courrier électronique est divisé en quatre grands groupes :

1• les listes de diffusion
2• les groupes de news (ou newsgroups)
3• les salons privés
4• les sites Web à contenus dynamiques qui marient les deux systèmes, et se développent dans les entreprises sur des Intranets et sur Internet.

Nous parlerons d'abord des listes de diffusion, de leurs avantages et de leurs inconvénients, puis nous traiterons des USENETS, du paramétrage d'*Outlook Express* et de *Netscape,* pour tirer le maximum d'avantages des groupes de news. Ensuite, nous décrirons les salons privés, et examinerons le cas concret d'un professeur qui utilise ces média pour lui et ses élèves. Pour terminer, nous verrons que créer un groupe de discussion est très simple. Vous apprendrez à créer vos communautés virtuelles avec le Web et *Outlook Express*.

1• LES DIFFÉRENTS SYSTÈMES D'ÉCHANGE COLLABORATIF

1• Les listes de diffusion

Qu'est-ce qu'une liste de diffusion, et comment s'inscrire ?

Les listes de diffusion reposent sur le principe de partage d'information par courrier électronique. L'internaute s'abonne à une liste de diffusion, et lorsqu'il envoie un message, ce message est transmis directement à toutes les personnes qui sont abonnées à cette liste. Il existe des annuaires de listes de diffusion que vous pouvez trouver sur le Web. Pour obtenir les adresses de ces annuaires de listes, lancez un moteur de recherche comme Yahoo (**http://www.yahoo.fr**) et tapez " listes de diffusion " (avec les guillemets), dans la fenêtre de recherche, puis lancez la recherche. Vous trouverez aussi des sites annuaires comme **http://www.liszt.com/** qui classent les listes anglophones par thèmes. Ce genre de serveur existe pour toutes les listes dans toutes les langues.

Vous devrez connaître deux adresses : l'adresse pour vous abonner, et l'adresse à laquelle vous enverrez vos messages à tous les membres de la liste. L'annuaire vous donne en général l'adresse pour vous abonner, puis le propriétaire de liste, ou un robot, vous communique dans leur courriel de confirmation d'inscription, l'adresse où envoyer vos messages sur la liste. Certaines listes sont gérées par un robot qui abonne, ou désabonne l'internaute, d'autres sont gérées par le créateur de la liste lui-même. Conservez bien la procédure pour vous désabonner, cela peut servir si vous souhaitez ne plus recevoir de messages d'une liste. La plupart des listes sont modérées, c'est à dire contrôlées par leur propriétaire, qui censure les messages qui seraient hors-sujet.

Si par exemple vous voulez partager des idées avec des professeurs d'allemand, vous envoyez un message à : **allemagne@ifrance.com**. Son propriétaire vous inscrira alors sur la liste et vous recevrez tous les jours des messages envoyés par les membres. Pour les listes dont l'abonnement est contrôlé par un robot, ce dernier vous enverra la procédure d'inscription. En général, il suffit d'envoyer un courrier électronique avec « subscribe votre adresse e-mail » (par exemple : subscribe dumont@ac-bordeaux.fr) dans le corps du message, et le robot, ou le serveur, vous enverra alors un accusé de réception qui vous confirmera que vous êtes désormais membre de la liste. Pour éviter que quelqu'un n'ait usurpé votre adresse, le robot vous demandera de confirmer votre demande d'inscription.
Un conseil : avant de poster un message, lisez bien les messages reçus pour bien comprendre le genre d'information que les abonnés attendent ! Un nouveau venu qui ne respecte pas les règles du groupe se fera parfois vertement remettre dans le droit chemin, suivi par la majorité des membres de cette communauté virtuelle.

Quels sont les avantages et les inconvénients des listes de diffusion ?

Vous serez en contact avec des personnes qui ont les mêmes intérêts que vous, donc qui rencontreront tôt ou tard les mêmes difficultés que vous dans un domaine d'activité particulier. Il vous sera ainsi très facile de trouver l'information dont vous avez besoin en demandant de l'aide aux membres de la liste. Dans ce cas, il faudra que l'intitulé de votre message soit bien clair et comporte un point d'interrogation, sinon le titre de votre message sera interprété comme un apport d'information. Vous pourrez répondre soit individuellement, soit collectivement aux messages que vous recevrez. Un autre avantage majeur de ce système de liste de diffusion est que vous recevrez des informations sans avoir à les chercher sur le Web, directement dans votre boîte aux lettres.

Le système de liste de diffusion a quand même quelques inconvénients : si la liste compte beaucoup d'abonnés, vous pourrez crouler sous les messages et, de plus, ces messages se mélangeront à vos messages personnels. Pour éviter cela, vous devrez paramètrer *Outlook Express* ou votre logiciel de courrier électronique, afin que les messages venant de la liste de diffusion à laquelle vous êtes abonné soient classés dans un dossier spécifique, et ne se mélangent pas avec les messages que vous envoie votre collègue Jean Seigne du lycée Ampère de Tarbes.

Prenons un exemple : vous êtes abonné à la liste EDNET, dont le thème est l'utilisation de réseaux pédagogiques. Son adresse est : **listserv@nic.unmass.edu**. Vous ne souhaitez pas que les messages provenant de cette liste se mélangent avec vos messages personnels dans votre boîte de réception Outlook Express. Vous allez donc créer un sous-répertoire « EDNET » dans le répertoire **Dossiers locaux** d'*Outlook Express*.

Cliquez sur **Dossiers locaux**, puis **Fichier > Nouveau > Dossier**.

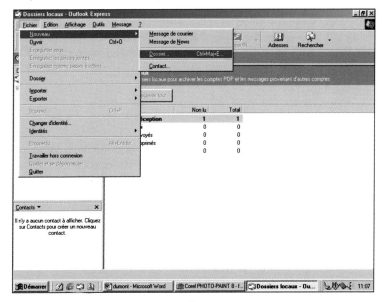

Nommez ce nouveau dossier EDNET:

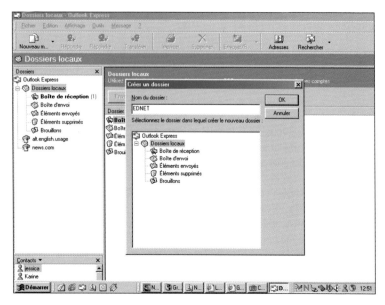

Il faut maintenant créer une règle qui mettra automatiquement les courriels venant de la liste EDNET dans le dossier « EDNET » de votre ordinateur. Pour créer cette règle, cliquez sur **Outils > Règles de message > Courrier.** Puis cliquez sur **Nouveau.** Ensuite, donnez un nouveau numéro à la règle, puis cochez les cases comme indiqué ci-contre.

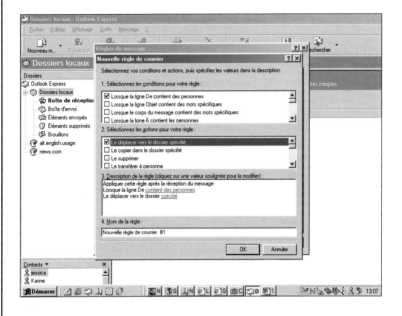

Puis cliquez sur le lien **Contient des personnes** et **Objet** et renseignez les boîtes qui se sont ouvertes : pour notre exemple, écrivez " listserv " (qui est l'adresse de la liste EDNET) et sélectionnez le dossier EDNET que nous avons créé dans le répertoire **Dossiers locaux**. Ainsi, vos messages venant de cette liste iront automatiquement dans ce dossier où vous pourrez les consulter ou les effacer, sans qu'ils soient mélangés aux autres messages reçus dans votre boîte aux lettres.

Nous n'avons cependant pas résolu le problème de la quantité de messages, qui se pose lorsqu'on est abonné à une liste qui comprend un très grand nombre d'abonnés. Dans ce cas, vous risquez en effet de recevoir des messages qui ne vous intéressent pas et qui viendront encombrer votre espace disque. Il faudrait donc un système qui permette de consulter des intitulés de message, et qui donnerait la possibilité de ne télécharger que les messages qui vous intéressent. Ce système existe : il s'agit des groupes de news ou USENET que vous allez découvrir dans les pages qui suivent.

2• Les forums ou «Groupes de News» ou USENET

Qu'est-ce qu'un groupe de news?

USENET (Unix User Network ou réseau d'utilisateur Unix) n'est pas un réseau, mais un service de serveurs qui utilise un réseau comme support. Ces serveurs sont ce qu'on appelle des sites miroirs, reliés entre eux et qui se synchronisent à plusieurs moments de la journée. Ces sites contiennent des groupes de discussions classés par thèmes. Par exemple, les groupes qui commencent par l'abréviation **comp.** traitent d'informatique (computers), les groupes qui ont pour abréviation **soc.** traitent des problèmes de société. On les appelle groupes de news, mais le terme «News» ne désigne pas les informations que l'on peut trouver sur un journal télévisé par exemple. Il s'agit plutôt d'échange d'informations entre des utilisateurs partageant un intérêt commun.

Ces groupes peuvent aussi être classés par langues ou par pays: les groupes commençant par **fr.** seront en français, le groupe **fr.rec.cuisine** aura pour membres des personnes qui échangent des recettes de cuisine en français (la deuxième abréviation, **rec**, signifie loisirs – *recreation* en anglais – et non «recette»!). De même, le groupe **fr.rec.radio.amateurs** regroupera des personnes dont la passion est la radio. Tout comme il existe beaucoup de centres d'intérêts, vous trouverez de nombreux groupes de discussions. Certains groupes diffusent même des images et des photos (alt.binary...).

L'accès aux serveurs USENET permet de n'accéder qu'aux messages qui vous intéressent. Ainsi, si vous vous connectez au groupe **fr.education.divers**, vous verrez que ce groupe reçoit en moyenne plus de cent messages par jour! Imaginez la perte de temps et d'argent sur votre facture téléphonique, si vous deviez télécharger tous ces messages. Aussi, quand vous êtes connecté au serveur, ce dernier vous envoie une liste de messages reçus, et classés par date et heure d'arrivée dans le serveur; pour lire un message, il suffit de cliquer sur son titre. Vous pouvez accéder aux groupes de news USENET par le Web en allant sur le serveur **http://www.dejanews.com** ou: **http://groups.google.com/googlegroups/deja_announcement.html**.

Sur la page d'accueil du site, les groupes de discussions ou groupes de news sont classés par thèmes. Si je recherche le groupe **alt.english.usage**, qui traite de l'usage de la langue anglaise, j'obtiens la liste des messages de cette liste :

Comment bien utiliser les groupes de news ?

L'accès aux groupes de news par le Web est facile, mais peu économique, car vous devez lire les messages en ligne, donc en mode connecté. Le temps d'affichage des pages peut être long en fin d'après-midi. Il existe une autre solution plus économique.

Il est possible grâce à *Netscape* ou à *Outlook Express* de télécharger uniquement les entêtes des messages, de les consulter hors connexion, puis de choisir les messages que vous souhaitez télécharger. Lors de votre prochaine connexion à Internet, le programme ira uniquement chercher sur le serveur USENET, les messages que vous souhaitez rapatrier. Vous pourrez ensuite lire ces messages à votre convenance en mode déconnecté. Si vous devenez un gros utilisateur de USENET, vous pourrez diviser par deux votre facture téléphonique, et augmenter votre potentiel d'exploitation de cette ressource d'information.

Nous allons maintenant paramétrer *Netscape* ou *Outook Express* pour que vous puissiez profiter de cette fonction de lecture de messages hors connexion.

Votre fournisseur d'accès Internet possède un serveur miroir, un serveur proche qui reprend les informations d'un serveur plus lointain, qui vous permet d'accéder à USENET. Par exemple, si votre fournisseur Internet est Libertysurf, l'adresse de leur site miroir USENET est : **news.libertysurf.fr**. Si votre fournisseur est Infonie, l'adresse sera : **news.infonie.fr**. L'accès au serveur étant sécurisé, vous ne pouvez pas, par exemple, vous connecter à Internet par Infonie et accéder par ce fournisseur d'accès au serveur USENET **news.libertysurf.fr**. Seul Libertysurf vous permet de vous connecter à son propre site miroir USENET. Il existe aussi des serveurs USENET indépendants des fournisseurs d'accès, auxquels vous pouvez accéder à partir de n'importe quel fournisseur. Par exemple, **msnews.microsoft.com** contient des groupes de discussions sur les produits *Microsoft*. Certaines académies ont aussi des serveurs USENET, par exemple : **news.ac-versailles.fr.** Pour configurer *Netscape* à la réception des News, vous devez lancer *Netscape* puis cliquer sur **Communicator > Forum.**

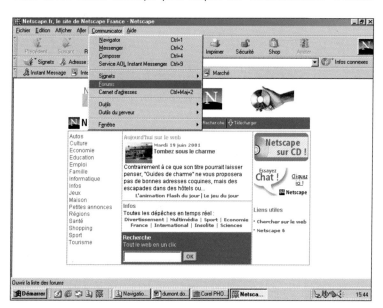

Dans la fenêtre qui s'ouvre, cliquez sur **Fichier** et sur **S'abonner à un forum**. Puis cliquez sur **Ajouter un serveur.**

Ajoutez ensuite l'adresse du serveur de news (dans notre exemple **news.ac-versailles.fr**). Si vous êtes connecté à Internet, la synchronisation avec le serveur se fera automatiquement et vous pourrez vous abonner aux groupes de discussions offerts par le serveur de l'académie de Versailles.

Si vous êtes utilisateur d'*Outlook Express*, lancez le programme puis cliquez sur **Outils** puis **Comptes.**

La boîte suivante s'ouvre :

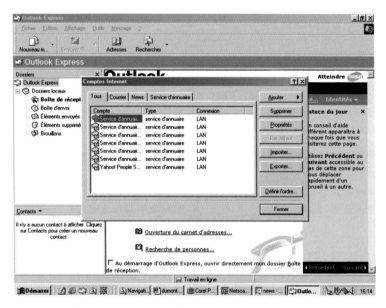

Cliquez sur l'onglet **News** et sur **Ajouter > News**, puis renseignez l'assistant en donnant votre adresse et l'adresse du serveur news que vous souhaitez consulter. Connectez-vous à Internet, et *Windows* vous demandera si vous souhaitez vous connecter au serveur.

Si vous répondez oui, la synchronisation prendra quelques minutes, et vous aurez la liste des groupes de discussions du serveur. Il ne vous restera plus qu'à cliquer sur le groupe qui vous intéresse et à vous abonner.

Puis cliquez sur **OK** pour revenir dans la boîte d'*Outlook Express*, ensuite sur le groupe de news auquel vous vous êtes abonné, et sur **Paramètres**, afin de choisir l'option **Ne télécharger que les entêtes des messages.**

Il ne vous restera plus qu'à vous connecter à Internet, et à cliquer sur le bouton **Synchroniser le groupe** pour télécharger les titres des messages. Vous pourrez ainsi consulter la liste des entêtes téléchargés en mode hors connexion dans le groupe que vous souhaitez (dans notre exemple alt.english.usage), pour choisir les messages qui seront téléchargés automatiquement à votre prochaine connexion sur Internet. Ensuite vous cliquerez sur l'entête du message choisi puis sur **Outils > Marquer pour traitement hors connexion > Télécharger plus tard.** Une petite flèche se placera à gauche du message, indiquant que ce message devra se télécharger plus tard, quand vous serez en mode connecté.

Une fois que vous aurez choisi les messages que vous souhaitez télécharger, connectez-vous à Internet, et cliquez sur **Synchroniser** (ou bien sur **Outils > Synchroniser tout**). La synchronisation effectuée, déconnectez-vous ; vous pourrez lire ces messages hors connexion, en prenant votre temps. Afin de n'afficher que les titres des messages téléchargés, dans affichage choisir l'option **Afficher les messages téléchargés.**

Vous pouvez ainsi archiver vos messages par un glisser-déposer dans un répertoire particulier, ou créer des règles de messages (voir le chapitre sur les listes de diffusion).

3 • Les salons privés

Le concept de groupes de news a été repris et adapté par des groupes de personnes ne souhaitant pas que n'importe qui puisse avoir accès à leur groupe. Ces salons privés sont en général contrôlés par une ou deux personnes et ont des objectifs très ciblés. Pour avoir accès à leurs salons, vous devrez vous y inscrire. Le responsable du groupe peut contrôler tous vos messages et les mettre en attente avant de les publier. Un responsable de groupe peut décider de vous interdire l'accès au salon si vous ne respectez pas les règles qu'il a établies. Ce système a un gros avantage qui est précisément d'éliminer les messages indésirables, mais on remarque après un certain temps une censure, et parfois une auto-censure des participants, qui peuvent rendre le contenu du salon assez insipide, moins enrichissant, et peu démocratique.

Certains salons peuvent être très privés et inaccessibles si vous n'êtes pas coopté par un utilisateur. C'est le cas si par exemple un groupe de collègues crée un salon à partir d'une liste d'adresses avec *Outlook Express*, comme vous apprendrez à le faire dans la dernière partie de ce chapitre. Mais ces salons peuvent aussi se trouver sur des serveurs Web spécialisés et lorsque vous trouvez un salon qui vous intéresse et que vous demandez à y entrer, en général vous êtes le bienvenu.

Un de ces serveurs est **http://fr.groups.yahoo.com** dont voici la page d'accueil :

Le serveur vous propose une liste de ses salons privés, qui sont classés par thèmes ou centres d'intérêts. Vous devrez vous inscrire sur le site pour accéder aux salons qui vous intéressent. Puis vous devrez vous inscrire dans le groupe qui vous intéresse, choisir si vous souhaitez recevoir les messages du groupe dans votre boîte de courrier électronique, ou un compte-rendu journalier des messages reçus dans ce salon. Vous pourrez aussi décider de ne rien recevoir dans votre boîte électronique, et de consulter les messages directement sur le site du forum. Vous accédez à ce salon en tapant votre adresse électronique et un mot de passe que vous avez choisi. Une fois votre inscription complétée, vous recevrez un courriel du responsable du groupe qui valide votre inscription à son groupe, et vous souhaite la bienvenue. Vous pourrez participer à la vie de ce salon, soit en envoyant et/ou en recevant des courriels à partir de votre logiciel de courrier électronique, soit en vous connectant au site **http://fr.groups.yahoo.com**. Le serveur vous reconnaîtra ou vous demandera de taper votre adresse e-mail et votre mot de passe pour accéder à votre groupe ou salon. Le serveur Domeus **http://www.domeus.fr** offre les mêmes services.

4• Les nouveautés en échange collaboratif

Les nouveaux langages de programmation comme le PHP4 permettent de créer des plates-formes d'échanges ou de travail collaboratif à partir de serveurs Web dynamiques sur des Intranets et Internets. L'utilisateur n'a dès lors plus besoin de paramètrer des logiciels sur son PC ou d'installer des logiciels lourds et complexes ; c'est le serveur Web qui prend tout en charge et s'adapte aux besoins et souhaits de l'utilisateur, quelque soit son système d'exploitation (Windows, Linux, Mac, etc...).

Nous expérimentons au lycée Louis Barthou de Pau un carnet de bord électronique pour les TPE. Les TPE (réforme des lycées) sont les travaux encadrés pendant lesquels les élèves font des recherches sur Internet. Ces recherches peuvent être individuelles ou en groupe. Il fallait un outil qui permette aux élèves de sauvegarder leur travail, et aux professeurs de suivre très régulièrement la progression des recherches des élèves. Il nous fallait pouvoir consulter les travaux déjà effectués.

Le carnet de bord électronique est écrit en langage PHP4 et est installé sur un serveur Web Apache, sur l'Intranet pédagogique du Lycée Louis Barthou à Pau et sur le serveur Internet **http://jmdumont.forez.com/pole.htm**. Il fonctionne avec une base de données MySQL qui permet de sauvegarder et de consulter automatiquement les données rentrées par les utilisateurs. L'utilisation du carnet de bord est transparente pour l'utilisateur et ne nécessite aucune connaissance particulière en informatique. Le carnet de bord utilise les ressources du courrier électronique, et les capacités des sites Intranet et Internet sur lesquels il est installé. Il exploite et développe les possibilités et le fonctionnement des forums et du Web ; en ce sens, c'est un système mixte.

Son fonctionnement est simple. L'élève accède au carnet de bord électronique comme il le ferait sur une page Web, il s'inscrit grâce à son adresse électronique et entre dans le carnet les noms de ses deux professeurs responsables de son sujet de TPE. Le carnet enregistre automatiquement tous ces éléments dans la base de données MySQL du serveur Intranet et Internet. L'élève utilise le carnet de bord électronique TPE pour faire des comptes-rendus de lecture, seul ou en groupes. Le carnet permet aussi de créer des groupes de recherche et chaque groupe a accès aux comptes-rendus créés par les membres du groupe. Le carnet de bord, comme les forums de news, envoie· automatiquement par courrier électronique, aux élèves concernés et aux professeurs responsables des groupes, les comptes-rendus ainsi créés. L'élève et le professeur peuvent ainsi archiver les documents sur PC individuels ou consulter la base de données à partir du serveur Web.

Voici la page d'accueil du carnet de bord électronique TPE :

2• LES FORUMS ET GROUPES DE NEWS EN PRATIQUE

1• L'intérêt pédagogique et professionnel des groupes de news

Voici comment un professeur d'anglais peut exploiter les news pour son travail en limitant ses dépenses téléphoniques :

- Grâce au forum **alt.english.usage** il pourra vérifier le sens de certaines expressions auprès d'anglophones, et ceci très rapidement dans tous les pays où l'anglais est parlé et écrit.
- Il est personne-ressources TICE et la liste privée destinée aux personnes-ressources TICE (technologies de l'information et de la communication pour l'enseignement) **pressour@ac-bordeaux.fr** lui permettra de garder un contact permanent avec ses collègues, personnes ressources dans toute l'académie.
- Les salons privés de *Yahoo Groupes* «agrégation interne» et «english teacher» le mettront en relation avec des collègues dans toute la France. Il pourra échanger des documents et des cours dans sa préparation du concours interne.
- Il débute dans la mise en place des TPE (travaux personnels encadrés) en lycée, et le forum TPE de l'académie de Versailles, qui est académie pilote, lui permettra d'obtenir des informations précieuses. (**news.ac-versailles.fr**).
- Le forum **fr.rec.satellite** le tient régulièrement informé des nouvelles chaînes de télévision qu'il peut capter sur la parabole du lycée.
- Son syndicat lui envoie des comptes-rendus par le forum SNES. Il peut ainsi échanger des idées avec d'autres «camarades».
- Et c'est sur le forum d'un célèbre portail éducatif français qu'il a rencontré le coordinateur du Guide du Cybercours !

Utiliser des forums et groupes de news avec les élèves

Depuis l'introduction d'Internet dans les établissements scolaires, l'utilisation des groupes de News n'a pas été vraiment encouragée, au départ à cause de certains messages à caractère pornographique qui pouvaient se glisser dans les forums, puis à cause de la difficulté de vérifier la fiabilité des informations dans certains groupes.

Comme pour le Web, il ne serait pas prudent de laisser des élèves arpenter seuls les riches contrées des groupes de news USENET. Certes, tout le monde connaît les sites sensibles ou autres terrains minés, mais d'autres groupes comme **alt.penpals** spécialisés dans la recherche de correspondants peuvent cacher des individus contre lesquels nous devons protéger nos élèves. Moins évident mais tout aussi dangereux, le fait que les groupes de news soient animés par des personnes venant de tous les horizons, fait qu'ils peuvent parfois véhiculer des idéologies contre lesquelles nous devons aussi les protéger.

Il est vrai que les groupes de news peuvent offrir le meilleur comme le pire, mais c'est bien tout le rôle du professeur que de choisir le meilleur pour ses élèves! Cependant, comme pour tout document, nous veillerons aussi à former leur esprit critique. Il suffit par ailleurs de respecter certaines règles simples:

- Travailler sur des forums modérés, où les messages à caractère pornographique sont supprimés à la source et ne pourront pas atteindre nos élèves.
- Éviter d'amener les élèves dans des groupes dont on peut se douter que l'information peut ne pas être fiable, par exemple les groupes sur les extra-terrestres, sur le racisme etc...
- Ne pas hésiter à filtrer l'information avant de la livrer aux élèves.
- Créer son propre site miroir USENET sur le serveur Intranet de votre établissement scolaire pour contrôler les messages que vos élèves pourront consulter. Un site miroir très simple consiste à enregistrer soi-même les messages que l'on veut exploiter sur le serveur Intranet.
- Éviter de publier votre adresse e-mail et bien sûr celle des élèves sur un groupe de news. En effet, certains robots traquent les adresses des utilisateurs pour les revendre à des compagnies commerciales qui seront alors heureuses de vous envoyer de la publicité sur leurs produits (comment investir en bourse sans risque, ou pour vanter les mérites d'un type de médicament préparé à partir de plantes pour guérir toutes les paresses...)
- Si vous répondez à un message lu sur un groupe de news, il vaut mieux répondre au groupe sans publier votre véritable adresse e-mail, vous pouvez aussi écrire directement à l'auteur du message, c'est moins risqué si vous souhaitez recevoir une réponse.

Exemple 1 : le groupe alt.usage.english en Terminale L

Objectifs :

- Initier les élèves à la grammaire explicative en les mettant en contact avec des anglophones, parfois universitaires (c'est le cas sur **alt.english.usage**) qui connaissent bien leur langue maternelle.
- Encourager les élèves à faire des synthèses et à construire leur propre grammaire explicative de l'énonciation telle que l'on nous demande de l'enseigner dans la Pratique Raisonnée de la Langue ou PRL.

Procédure : un élève est chargé chaque semaine de parcourir le forum alt.english.usage et de rendre compte à la classe des explications qu'il y a trouvées. Son exposé ne doit pas durer plus d'un quart d'heure ; il se fait en français afin de pratiquer aussi la traduction, les messages du groupe étant en anglais. Il est chargé de sauvegarder et de classer les messages intéressants dans la base de données du serveur Web « Pôle Langues » que nous mettons en place au lycée Louis Barthou à Pau. Le reste de la classe prend des notes. Cet élève est aussi chargé de poser des questions à la liste lorsque la classe rencontre un point de grammaire délicat, ainsi que de transmettre et analyser les réponses données par le forum.
Ce travail de recherche linguistique ne serait pas possible à partir du Web seul.

Exemple 2 : le forum rec.arts.tv.uk.eastenders en classe de 2de (modules) et en classe de 1re L

Ici, c'est le professeur qui trie les messages et supprime les messages du groupe qui ne portent pas sur l'objectif. Les messages sont sauvegardés dans un répertoire **Ressources**, partagé et accessible sur l'Intranet du lycée.

Objectifs :

- La civilisation britannique : vie d'une communauté de classe moyenne dans la banlieue Est de Londres.
- Compréhension orale et écrite.
- Classes : secondes, premières.

Procédure : une exploitation en classe est faite d'un épisode vidéo de la série britannique Eastenders qui passe sur BBC Prime et peut être reçue en

France par satellite. Pendant les modules, les élèves explorent les messages venant de ce forum et doivent trouver :

- Les messages qui résument l'extrait de l'épisode visionné en cours.
- Faire un bilan, sur une grille écrite, de la réaction du public britannique et américain à ce qui s'est passé pendant l'épisode.
- Trouver les messages (spoilers) qui racontent la suite de l'intrigue ; en effet le public britannique voit les épisodes avant le reste du monde.
- Rendre compte en classe, lors d'une prise de parole continue, des informations trouvées.

Ces deux exemples illustrent des utilisations possibles des USENET ou groupes de News par des élèves. Bien entendu, il existe des dizaines d'autres façons de les exploiter. De tels exercices ne seraient pas possibles à partir de sites Web. La lecture des News donne aux élèves accès à une richesse d'informations qui n'existe pas sur le Web, car il est difficile à plusieurs utilisateurs d'échanger des informations sur un site : seuls les forums de News le permettent.

2• Créer votre liste de diffusion à partir d'Outlook Express

À votre tour ! Lancez *Outlook Express* et cliquez sur :
Adresses > Nouveau > Nouveau groupe
Puis donnez un nom à votre groupe et entrez le nom et l'adresse e-mail des

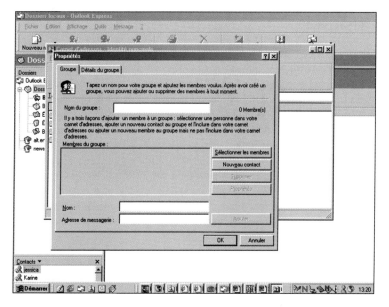

personnes qui seront membres de votre groupe. Vous pouvez également ajouter les adresses qui sont déjà dans votre carnet d'adresse, en cliquant sur **Sélectionner les membres**, puis **OK**.

Bravo ! Vous êtes maintenant à la tête d'une communauté forum ! Quand vous souhaiterez envoyer des e-mails à ce groupe, il ne vous restera plus qu'à choisir le nom de votre groupe dans votre carnet d'adresse et *Outlook Express* enverra automatiquement les messages à tous les membres de la liste.

Si vos élèves ont des adresses électroniques, vous pourrez créer une salle de classe virtuelle avec eux et envoyer des corrigés, des cours et des devoirs qui pourront être exploités en classe, mettre en place une structure de travail collaboratif, dans laquelle les élèves vous envoient des devoirs dans votre boîte électronique que vous pouvez corriger depuis chez vous. Vous pourrez alors décider d'envoyer certains devoirs au groupe pour la mise en commun d'une intercorrection, par exemple une traduction en Terminale L, chaque élève pouvant ainsi améliorer la traduction de plusieurs élèves de la classe, ou vous pourrez donner la possibilité à la classe de choisir la traduction qui lui paraît la meilleure.

Conclusion

Les groupes de news ou forums existaient bien avant le Web, et beaucoup pensaient qu'avec ses couleurs, ses photos, ses applets java et ses animations, le Web occulterait et rendrait obsolètes les forums ou groupes de news USENET. Qu'en est-il? Les fournisseurs d'accès à Internet continuent à offrir un accès aux serveur USENET dans leurs forfaits. Il y a donc une réelle demande de la part des usagers, et si l'on va sur ces serveurs on est surpris du nombre très importants de messages publiés chaque jour. Les forums ou groupes de news répondent donc à un besoin. Lequel? Le besoin d'échanger rapidement, et très simplement des informations sans passer par la création de pages Web au code compliqué et devant être chargées par protocole FTP. De par leur simplicité, les groupes de news sont accessibles à tous et chacun, pourvu qu'il dispose d'un accès Internet et d'une adresse e-mail, peut échanger des informations.

Les news sont aussi un espace de liberté d'expression que les sites Web ne peuvent pas offrir. Certes, cette liberté se paye par certaines dérives, dont il faut protéger les élèves si l'on souhaite exploiter les news en classe.

Les news remettent au goût du jour la production écrite, et ouvrent une fenêtre de plus sur la réalité du monde extérieur pour nos classes: pourquoi s'en priver?

2 / Sept séquences multimédia prêtes à l'emploi

Réalisation d'un cédérom en classe

1• LES OBJECTIFS

Ils sont multiples mais l'objectif fondamental est de rendre les élèves auto-nomes et de les amener à réinvestir les méthodes de travail élaborées en classe. L'objectif final est de réaliser des fiches de lecture sur différents romans, des classiques de la science-fiction (SF), pour apprendre à struc-turer une analyse, en distinguant éléments objectifs et éléments subjec-tifs. Parallèlement, les élèves s'exercent à rédiger en vue d'un destinataire identifié (en l'occurrence, d'autres élèves qui n'ont pas lu le même livre). La consultation de sites Internet comme sources documentaires les amène à faire une lecture sélective de textes informatifs et à reformuler les docu-ments pour qu'ils s'insèrent harmonieusement dans la fiche. En amont de ce travail de lecture / écriture, un travail lexical est prévu pour souligner le lien entre types de textes et langue ; pour cette séquence, il est prévu de faire étudier les racines grecques, sources de nombreux néologismes constitutifs de l'univers de la SF puis de faire imaginer des néologismes réutilisables dans les productions écrites de la classe.

2• LE MATÉRIEL UTILISÉ

Une salle informatique de seize postes, en réseau poste à poste ; seul le poste « professeur » est connecté à Internet ; la salle dispose aussi d'un scanner et d'un graveur de cédérom. Dans la mesure où l'objectif pédago-gique est de développer l'autonomie des élèves, le professeur a choisi de ne pas capturer les sites à consulter avec un logiciel comme *Memoweb* mais de faire tourner les groupes d'élèves pour la recherche sur Internet en connexion réelle ; ce choix est arbitraire et, en tout état de cause, il aurait été préférable que toute la classe puisse consulter Internet : les recherches auraient gagné en richesse et en diversité.

Lors de la première séance informatique, la classe a utilisé Le Petit Robert Électronique. Puis, on a eu recours à Internet pour les recherches documentaires, à *Word* pour rédiger en hypertexte les fiches de lecture. En raison des contraintes locales, ces liens renvoient à des pages de *Word*; le vocabulaire difficile est consultable sur Le Robert s'il est installé en résident. Mais il est évident que si tous les postes ont une connexion Internet, les liens hypertextuels doivent renvoyer à des sites. Dans la description du travail, on reviendra sur la mise en œuvre de ces liens. On a scanné les couvertures des livres de poche pour pouvoir les commenter et les mettre en relation avec le texte. Le graveur a servi en fin de travail pour stocker l'ensemble des informations rédigées par les élèves.

Dans un souci de pragmatisme, dans la mesure où le cours de technologie n'avait pas encore familiarisé les élèves avec l'hypertexte, la navigation sur le Web et les pages HTML, et où un seul poste est connecté à Internet, on a préféré limiter les manipulations hypertextuelles à *Word*. Ainsi, on n'a pas perdu de temps en explications techniques et tous ont pu aisément consulter les travaux de la classe. Grâce à l'institution du Brevet Informatique et Internet, avec des élèves plus expérimentés, il serait préférable de faire créer des pages HTML, d'utiliser un logiciel comme *Dreamweaver*[1] et d'installer les fiches réalisées sur le site de l'établissement: la diffusion en serait évidemment élargie. Le but pédagogique étant celui d'une diffusion des écrits d'élèves, l'option du cédérom a été choisie pour qu'effectivement, les fiches puissent être lues dans le collège par d'autres classes; mais il est évident que, dans ce souci de diffusion, si l'accès à Internet est aisé dans l'établissement, il faut recourir à ce support pour élargir le public de lecteurs potentiels et valoriser davantage le travail des élèves.

3• NIVEAU

Le travail a été mené avec une classe de 3e, hétérogène, très – trop – scolaire. Il convient bien à ce niveau qui a au programme la littérature du XXe siècle, avec une place particulière à réserver à la littérature étrangère. Mais il conviendrait tout aussi bien à une classe de 2de, ou, en s'attachant à la littérature policière ou fantastique, à des élèves de 4e. Les élèves de lycée professionnel pourraient aussi pratiquer une telle activité avec profit.

---

[1] Éditeur de pages html par Macromedia (**www.macromedia.com**)

4• DURÉE

Les séances en salle informatique représentent au total une durée de sept heures dans une séquence de trois semaines intitulée «Un genre littéraire, la science-fiction». Les travaux ont été menés par groupes, à la fois par nécessité matérielle et par volonté didactique : chaque groupe doit être en mesure d'être compris par les autres qui ont travaillé sur autre chose.

Une heure a été consacrée à l'étude des racines grecques avec le cédérom Le Petit Robert Électronique, afin de compléter un tableau qui sera ensuite assemblé par le professeur et distribué à toute la classe.

Deux autres heures d'entraînement, destinées à initier la classe à la notion d'hypertexte que personne ne connaissait, sont employées à réaliser des fiches sommaires sur les nouvelles étudiées en classe. Un groupe, plus averti, rédige une introduction à la science-fiction à partir du site de la Bibliothèque de France sur l'exposition «Utopie».

Les élèves ont eu à lire à la maison un des neuf ouvrages (à raison de trois élèves pour chaque livre). En classe, quatre heures sont consacrées aux fiches : trois pour leur rédaction, avec, par un système de tournante, consultation de sites Internet pour approfondir la connaissance de l'auteur et de son œuvre ; pendant la quatrième heure, les élèves lisent les fiches des autres groupes afin de préparer le contrôle, bilan de la séquence.

5• QUELLE PROGRESSION PÉDAGOGIQUE ?

Cette séquence pédagogique sur la science-fiction représente au total une douzaine d'heures de travail (avec ou sans ordinateur). Elle suit une séance d'initiation aux textes informatifs et argumentatifs sur le thème des dangers de la science. Son objectif est d'amener les élèves à comprendre que la fiction peut être le reflet ou l'anticipation de la réalité. Les séances en salle informatique ont alterné avec des cours plus traditionnels : étude d'incipits de nouvelles de science-fiction, extraites d'un recueil publié par J. Sadoul chez Librio, *Une histoire de la science-fiction (volume 2),* d'articles de presse, dictée tirée de Michel Le Bris, *Le futur a déjà commencé,* et création par chaque élève d'un néologisme, de sa définition et, éventuellement, de son illustration graphique. Ils ont aussi eu à écrire un incipit de nouvelle de science-fiction. C'est dire que le travail informatique s'est totalement intégré dans un ensemble plus «classique».

Le but, avoué, du professeur était que l'outil informatique soit un moyen pour former la démarche intellectuelle des élèves. La contrainte de passer peu de temps à naviguer sur Internet pour laisser la place au groupe suivant a amené les élèves à aller à l'essentiel; celle de l'hypertexte, d'autant plus grande qu'il s'agissait d'une découverte, en mobilisant leur attention, les a forcés à hiérarchiser leur travail, à le rendre lisible aux autres. La vieille dichotomie fond / forme est ici résolue de la manière suivante: la nouveauté et la pesanteur de la forme obligent les élèves à sélectionner les éléments de contenu qu'ils veulent absolument faire passer; le travail en groupe, avec ce qu'il impose de négociations, d'explicitations verbales, de choix acceptés, voire de compromis, ne fait que favoriser cet apprentissage.

6• PRÉPARATION

Pour le professeur, le temps de préparation ne diffère guère d'une pratique traditionnelle: repérage des livres, des sites Internet, élaboration d'une fiche sur les racines grecques, d'une grille de travail pour les fiches de lecture (environ deux à trois heures). Scanner les couvertures de livres peut se faire pendant que les élèves travaillent – à condition que la discipline de la classe le permette – ou peut être confié aux élèves, en fonction du matériel dont on dispose et de leur compétence. Sinon, il faut prévoir une heure au moins pour cette tâche facile mais gourmande en temps. Le plus long, et le plus nouveau, sera plutôt le travail a posteriori. Nous voulons parler du montage final du document: récupérer depuis le poste–professeur les différentes fiches, vérifier et corriger les liens, assembler le tout, le graver en un cédérom et, dans le cas d'un réseau poste à poste, diffuser l'ensemble à chaque poste, sans compter la correction du contenu qui, elle, ne diffère pas d'une correction ordinaire de copies. Pour toutes ces manipulations techniques, compter facilement deux heures, surtout si on n'est pas encore un virtuose.

La première séance de recherche a eu pour objet le cédérom *le Petit Robert* Électronique, véritable mine linguistique, en particulier – mais pas seulement – pour le travail sur l'étymologie. On peut faire une recherche classique dans la partie «Nomenclature» qui présente les articles dans l'ordre alphabétique, ou une recherche plus ciblée dans la partie «Critères»: on peut alors demander une chaîne de caractères (par exemple «anthropo*», (l'étoile ayant valeur de *joker*), ce qui permet de faire ressortir les mots de la langue qui comportent l'étymon grec.

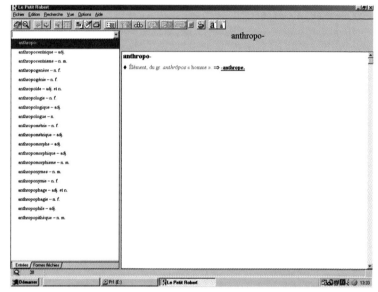

Écran «Robert»: La recherche par critères.

Installation du Petit Robert Électronique.

Installation très facile. Le logiciel existe en versions 5 postes, 10 postes, etc. pour les établissements scolaires. Pour une installation comme dictionnaire résident (qu'on peut appeler à partir d'un mot dans un document en traitement de texte):

- Lancer *Word*
- Fichier / Ouvrir
- Sur le lecteur D: (si D: représente le lecteur de cédérom), ouvrir le fichier D:\WINWORD\PR97.DOT (pour Windows 98 et suivants)
- Suivre les instructions à l'écran en confirmant l'installation du Petit Robert dans *Word*

On peut alors faire appel au Petit Robert à partir d'un mot quelconque d'un document *Word*. Pour cela, 3 méthodes possibles:

- Raccourci clavier ALT + R
- Clic droit de la souris; choisir Le Petit Robert
- Dans Word Outils / Le Petit Robert

Dans ce cas précis, la réponse pour «anthropo*» étant un peu allusive dans la fenêtre de droite, il suffit de cliquer sur le lien hypertexte de - «–anthrope» pour avoir la réponse précise qui figure sur la copie d'écran. Ainsi l'élève découvre non seulement le sens précis du radical «anthropo» mais voit s'afficher une liste de mots ainsi formés, ce qui lui sera fort utile quand il devra à son tour créer des néologismes. Au fil des recherches, c'est une véritable plongée dans la formation des mots techniques d'origine grecque à laquelle se livre la classe. Pas étonnant qu'ensuite, les élèves n'aient pas eu de difficultés à créer leur propre vocable.

Les recherches sur Internet ont, quant à elles, un objectif culturel: approfondir les notions d'utopie et de contre-utopie, accéder à des indications biographiques plus riches et moins austères et approcher des analyses critiques, ce dont les élèves de 3e ont peu l'habitude. Les sites à consulter pour étudier la science-fiction sont, à notre avis, celui de la BNF, avec son exposition virtuelle sur l'utopie, (**http://www.bnf.fr/web-bnf/expos/utopie/index.htm**), un site intitulé **www.auteurs.net**, en liaison avec le magazine *Lire,* qui recense les sites consacrés aux écrivains en les commentant et en les évaluant; cela permet au professeur, pour gagner du temps, de diriger chaque groupe d'élèves vers un site approprié à leur besoin.

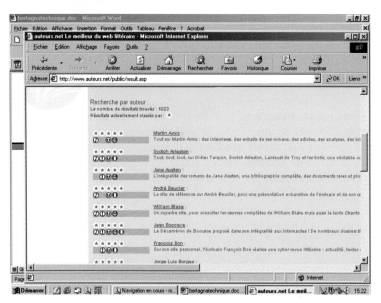

Récupérations d'informations depuis Internet

Il faut penser à apprendre cette manipulation : cela évitera l'erreur commise par un groupe d'élèves persuadés de savoir utiliser le Web et qui n'ont enregistré que les adresses des sites Internet.

Préalablement à la recherche, il convient de faire créer dans *Word* un dossier et un fichier où on récupérera les informations sélectionnées.

a) Copier une page html sur le disque dur
Prendre soin de souligner la différence entre une page html (qui peut être très longue !) et une page papier ou écran. S'assurer de la longueur de la page.
Fichier / Enregistrer sous.
Dans la petite fenêtre qui s'ouvre, cliquer sur le triangle noir pour avoir accès à l'arborescence. Choisir le dossier où ranger le document.

b) Récupérer une partie du texte
Manœuvre plus prudente et plus formatrice à notre avis car elle oblige l'élève à un premier tri dans les informations.
     - **Sélectionner le texte avec la souris**
     - Édition / Copier ou CTRL + C
     - **Dans le document Word,** Édition / Coller ou CTRL + V

c) Copier une image
Dans le cas de fiches de lecture, utile pour copier une photo de l'auteur, une couverture de livre.
Clic droit sur l'image / Copier - **Dans le document** Édition / Coller

Comme pour le travail avec Le Robert, il faut prévoir de répartir la tâche entre différents groupes : outre le gain de temps, on gagne en densité puisque les élèves savent que leurs destinataires sont leurs camarades et que le document commun devra d'autant plus être compris de tous qu'il sera la référence à étudier pour le bilan final.

7 • EXPLOITATION PROPOSÉE

On trouvera ici la relation du travail étape par étape, que ces travaux aient servi de préparation à la réalisation du cédérom ou au cédérom lui-même. En effet, étant destiné à être mis à la disposition de tous au CDI, celui-ci ne pouvait comporter que les fiches de lecture achevées. Les numéros de séances correspondent à celles d'entre elles qui ont été menées en salle informatique. N'apparaissent pas ici les séances intermédiaires ou parallèles exposées dans la progression pédagogique.

Séance 1 **(une heure)**

<u>Objet</u> : quelques mots-clés. Les racines grecques
<u>Outil</u> : Le Petit Robert (CD-ROM)

Pour quelques mots-clés comme «utopie», «intersidéral» ou «interstellaire» recherche commune dans le dictionnaire. Ainsi, voici l'article «Utopie» du Robert, accessible par la **Nomenclature**.

utopie [ytçpi] **n. f.**

• 1532 ; lat. mod. utopia (Th. Morus, 1516), forgé sur le gr. *ou* «non» et *topos* «lieu» : «en aucun lieu».
1 > Vx *L'Utopie* : pays imaginaire où un gouvernement idéal règne sur un peuple heureux.
2 > (1710) Didact. Plan d'un gouvernement imaginaire, à l'exemple de la *République* de Platon. *L'utopie de Fénelon dans le Télémaque.*
3 > (XIXe) Cour. Idéal, vue politique ou sociale qui ne tient pas compte de la réalité. «Les utopies "à la française" : paix universelle, fraternité, progrès pacifique, droits de l'homme, égalité naturelle»(R. Rolland). Conception ou projet qui paraît irréalisable. <u>chimère, illusion, mirage, rêve, rêverie.</u> *Utopie pédagogique* (<u>Baudelaire</u>). *Une rêverie d'inventeur songe-creux, une utopie* (<u>Hugo</u>).

Extrait du Petit Robert de la langue française *version CD-Rom*

Dans notre esprit, le travail sur les racines grecques et les néologismes était, certes, destiné à enrichir les connaissances lexicales de nos élèves, mais aussi à faciliter leur lecture des romans dont les fiches font l'analyse, et à les entraîner dans un univers fictionnel où l'imagination s'appuie à la fois sur la création d'objets, de mondes mais aussi de mots nouveaux. Ce lien entre lexique et univers littéraire sera d'ailleurs exploité ultérieurement lors d'une séquence sur la poésie surréaliste, puis une autre sur *L'Écume des jours*. Ce travail de fond, nécessaire pour obtenir des fiches de qualité, ne pouvait cependant que rester interne à la classe.

La classe est divisée en groupes et doit compléter une partie du tableau dont on voit ci-dessous un extrait. Afin de respecter les rythmes de travail très hétérogènes de cette classe, une tâche minimale est fixée à chaque groupe mais il n'est pas interdit d'en faire plus, auquel cas, les différents travaux sont mis en compétition pour la constitution du document final.

Langue : les racines grecques

RADICAL GREC	SENS	MOTS DÉRIVÉS
Anthropo-	Homme	Misanthropie : haine des hommes
archéo-		
auto-		
biblio-		
chrono-		
ciné- ou kiné-		

Séance 2 (deux heures)

<u>Objet</u>: initiation à la réalisation de fiches de lecture et, pour un groupe, recherche de documents pour rédiger un développement de la notion d'utopie.
<u>Outils</u>: l'hypertexte dans *Word*; Internet

La majorité des élèves a eu pour tâche de faire une petite présentation d'une des trois nouvelles étudiées. La structure proposée pour ces fiches d'entraînement est la suivante:

Page d'accueil avec titre, nom de l'<u>auteur</u>
      > brève biographie (résumé de ce qu'on trouve dans Librio)
et sommaire:
1. <u>Incipit</u>
      > début de la nouvelle
2. <u>Commentaire</u>
      > commentaire sur le thème traité dans la nouvelle
3. <u>Références culturelles</u>
      > présentation de l'implicite culturel (autodafé, mythe du
       Phénix...)

Les mots soulignés doivent appeler d'autres pages par la création de liens hypertextuels. À chaque bas de page, figure le mot **Accueil** avec un lien qui ramène à la page correspondante.
Les consignes sont données d'abord par oral: la notion d'hypertexte est expliquée en faisant faire un exercice de la manipulation à tous les groupes en même temps: création d'une esquisse de page d'accueil où figure la mention «nom de l'auteur» puis création d'une deuxième page intitulée «biographie». Le lien hypertexte est créé à l'aide de l'icône en haut dans la barre d'outils de *Word* (un globe terrestre et deux anneaux enlacés).

Français

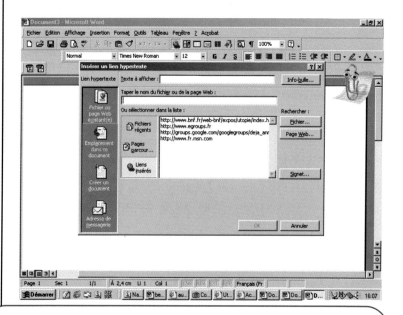

Créer des liens hypertexte dans Word

a) Cette manœuvre est expliquée dans la séquence pédagogique. L'écran ci-dessus montre la fenêtre à remplir (en haut).

S'il s'agit d'un fichier, bien indiquer le chemin dans l'arborescence de l'ordinateur, en particulier quand on travaille en réseau. S'il s'agit d'un URL (adresse de site Internet), veiller à respecter la syntaxe précise de cette adresse.

b) S'assurer que les liens fonctionnent et que les noms de fichiers imposés par le professeur soient respectés (par exemple, « Présentation, Couverture, Thème... »).

Dans la séquence précédente, les élèves avaient travaillé sur des textes ainsi appareillés. Le professeur en profite pour expliquer que la navigation sur le Web est toute entière fondée sur cette technique de l'hypertexte.

Pour faciliter la tâche et s'assurer de la bonne compréhension du travail à faire, après l'exercice « à blanc », on écrit les consignes au tableau sous la dictée des élèves. Toute la classe suit cette phase du travail. Puis la majorité poursuit les fiches amorcées et le groupe de volontaires explore le web avec pour mission d'élaborer sa définition de l'utopie grâce au site de la BNF.

Séance 3 (4 heures)

Les élèves ont eu à lire par groupes de trois les neuf œuvres suivantes : J. Verne, *De la Terre à la Lune* ; Asimov, *Les Robots* ; Huxley, *Le Meilleur des mondes* ; Lowry, *Le Passeur* ; R. Bradbury, *Fahrenheit 452* ; Simak, *Demain les chiens* ; P. Boulle, *La Planète des singes* ; Orwell, *1984* ; Barjavel, *Ravage*.

Les élèves reçoivent sous forme de photocopie la feuille d'instruction ci-dessous :

FICHE DE LECTURE HYPERTEXTUELLE

Document à réaliser en groupe

Objectif de ce travail : bien distinguer les éléments que vous relevez dans le livre et les commentaires personnels dont vous les accompagnez.

Le signe « → » indique que vous devez insérer un lien hypertexte : pour cela, vous sélectionnez le mot qui appellera le lien puis vous cliquez sur l'icône contenant un globe terrestre et une sorte de chaîne ; on vous demandera d'indiquer l'adresse où envoyer ce lien (c'est-à-dire l'empla-cement du disque dur où se trouve le fichier que le lien appellera) ; le mot sélectionné sera alors souligné.

Contenu de la fiche

       Auteurs de la fiche
       Titre du livre
       Auteur du livre
       Date (1ʳᵉ parution, édition actuelle, traduction)
       Édition : nom → couverture scannée → commentaire sur celle-ci
       Genre littéraire
       Thème : phrase nominale → analyse → citations à l'appui
       Extraits : citation(s) favorite(s) → justification(s)
              Passage favori → justification(s)
       Intérêt(s) : phrase nominale → justification(s)
       Résumé

En bas de chaque page « accueil » avec lien adéquat.

> Document à télécharger sur www.guideducybercours.com

Initialement, les élèves peinent à comprendre la structure non linéaire de la fiche; la feuille de consignes ne suffit pas. Il faut reprendre les consignes au tableau en utilisant des feutres de couleurs différentes pour matérialiser les étapes. La distinction entre les informations objectives et les commentaires personnels d'une part, leur structuration d'autre part ne se font pas naturellement: c'est précisément là la démarche intellectuelle que l'expérience visait à développer. Peu à peu, les demandes d'aide technique se raréfient. Les pages se rédigent, les liens se créent. Les élèves n'ont plus recours au professeur que pour des problèmes d'expression. Pendant ce temps, les recherches sur Internet effectuées à tour de rôle sont d'abord enregistrées sur le poste professeur puis copiées sur le poste de chaque groupe pour être relues et retravaillées[2].

Soulignons que tous les groupes, y compris les plus faibles et les plus confus, ont réussi à finir leur fiche dans le temps imparti, ont pensé à faire un lien vers la page d'accueil et ont réussi à structurer leur fiche.

La semaine suivante, les élèves ont eu à consulter en salle informatique les fiches de leurs camarades afin de se préparer au contrôle de bilan : *quelles visions du futur présentent les auteurs de SF que nous avons étudiés? quelle est votre opinion à leur sujet?*

---

[2] Barjavel: **http://barjavel.free.fr**: analyse de Ravage, thème de la science et des techniques
Simak: **http://www.cafardcosmique.com/auteur/simak.html**
J. Verne: **http://carpentier.gilles.free.fr/verne**: J. Verne, poète de l'espace
Bradbury: **http://www.cafardcosmique.com/auteur/bradbury**
Huxley: **http://www.cafardcosmique.com/auteur/huxley**
Orwell: **http://perso.respublica.fr/orwell**: article sur Orwell et la machine
Asimov: **http://persowanadoo.fr/mont.jc/index.htm**

Voici un extrait d'une fiche de lecture :

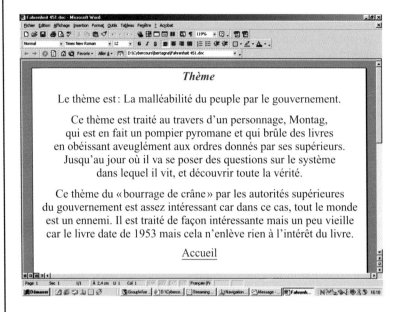

Comme le scanner est attaché au poste professeur et que, pour des raisons de sécurité, le réseau est assez verrouillé, les couvertures sont scannées par le professeur puis, au fur et à mesure, envoyées sur chacun des postes. Pour finir, les élèves rangent dans un dossier leurs différentes pages, opération réalisée sans difficultés et parfois spontanément ; ces dossiers sont copiés sur le poste professeur puis gravés sur le cédérom.

Scanner les couvertures

Manipulation très facile mais qui peut se révéler lente avec un réseau peu puissant. Se méfier de la place occupée en mémoire par les images : il peut se produire une saturation du réseau quand on copie l'image scannée d'un poste à l'autre (voir aussi p.33 pour les formats d'images).

Graver le cédérom

S'assurer auparavant non seulement du contenu littéraire des fiches mais aussi du fonctionnement des différents liens. Suivre les instructions du graveur de cédérom : manœuvre simple.

8• LES DIFFICULTÉS RENCONTRÉES

Elles ont été, dans un premier temps, de faire comprendre aux élèves qu'ils devaient planifier leur travail, prévoir les articulations, ne pas se contenter d'un premier jet. Ensuite, elles ont été le revers de la médaille du succès de l'entreprise. Je m'explique : les élèves, motivés par l'expérience, sont devenus créatifs et, tout en respectant les consignes dans l'esprit, les ont adaptées ; et la structure de chaque fiche diffère de sa voisine, ce qui a nui à l'unité de l'ensemble, a compliqué la tâche de vérification et de montage du professeur mais a donné au document final une touche d'originalité, de personnalité qui en rend la consultation plus attrayante et intéressante.

Le conseil à donner est donc, d'une part, de cadrer les phases du travail pour éviter la dispersion qui rendrait toute consultation impossible et, parallèlement, de laisser aux élèves une part d'autonomie ce qui en fait des lecteurs-auteurs actifs, qui rend leur travail personnel, identifiable et le valorise au moment de la lecture par d'autres.

L'auteur

Chantal Bertagna <cbertagna@ac-versailles.fr>, professeur agrégée de Lettres Classiques, au Collège Émile Verhaeren à Saint-Cloud (92), formatrice à l'IUFM de Versailles (Lettres et TICE en formation continue et professeur associé en formation initiale), membre du groupe d'expérimentation Pédagogique (GEP) Lettres et TICE de l'Académie de Versailles. Le rôle de ce groupe est de participer à différents projets novateurs initiés par l'Académie ou le ministère de l'Éducation Nationale, de recenser les nouveautés en matière de logiciels, de sites Internet et d'expérimentations pédagogiques, d'alimenter la rubrique Lettres du serveur académique mentionné ci-dessous, de proposer et d'animer des stages Lettres et TICE mais aussi de participer à un grand nombre de stages de Lettres afin d'informer les professeurs des apports pédagogiques des TICE. Au sein du groupe et à titre personnel, l'ensemble des travaux et expériences menés depuis une dizaine d'année a été animé par le désir de mettre la technique au service d'une pédagogie plus efficace, à la fois attrayante et exigeante.

Ses cinq sites favoris

http://www.ac-versailles.fr/pedagogi/lettres
http://www.bnf.fr
http://www.auteurs.net
http://www.ac-rouen.fr/pedagogie/equipes/lettres/une.html
http://perseus.tufts *(pour les Langues Anciennes)*

Atelier de création poétique multimédia en anglais

> *Web-people poems*

1• OBJECTIFS PÉDAGOGIQUES ET DIDACTIQUES

- Donner aux élèves une occasion d'écrire de la poésie en anglais.
- Écrire un poème dans un but précis de publication sur internet.
- Utiliser toutes les étapes de l'écriture : *prewrite, write, revise* and *publish*.
- Donner un rôle actif et créatif aux élèves et ainsi leur permettre d'avoir un autre regard sur leurs productions et sur eux-mêmes.
- Utiliser Internet pour trouver des informations complémentaires à leur production : entraîner les élèves à la recherche documentaire en ligne, apprendre à mener une recherche, sélectionner les informations pertinentes, réfléchir, apprendre à gérer l'abondance d'informations disponibles.

2• NIVEAU DE DIFFICULTÉ ET PRÉ-REQUIS POUR LES ÉLÈVES

- Utilisation d'un logiciel de traitement de texte comme *MS Word*, et de ses fonctions : copier-coller (indispensable).
- Utilisation d'un logiciel de navigation sur le net comme *MS Internet Explorer* ou *Netscape* (essentiel).
- Utilisation d'un logiciel de création de pages web comme *Adobe Page-Mill* ou *Dreamweaver* (optionnel).
- Utilisation d'un logiciel de création et de retouche photos comme *Adobe Photoshop* (optionnel).
- Savoir consulter des cédéroms encyclopédiques.

3• CONDITION DE LA RÉALISATION : SUPPORTS, MATÉRIEL ET LIEUX

- Ordinateurs connectés à Internet et équipés d'un logiciel de traitement de texte et d'un logiciel pour naviguer en ligne.
- Rétroprojecteur et vidéo projecteur (si possible).
- Dictionnaires, si nécessaire.
- Enregistrement du CD audio Live New Standpoints (optionnel).
- Fiche du magazine New Standpoints N°7, 01/2001 (optionnel).
- Lieux : salle informatique (10 postes connectés au net), salle de cours et le CDI avec des cédéroms culturels encyclopédiques en anglais, cédéroms dictionnaires bilingues.

4• NIVEAU / CLASSE PROPOSÉE

- Ce cours s'adresse à des élèves étudiant l'anglais depuis au moins deux ans, au collège (4e et 3e LV1 ou 3e LV2), car il demande une compréhension minimale de documents authentiques (pages web). Voir cependant l'adaptation qu'en a faite pour une classe de CM1 Sophie Godin, professeur des écoles.

 > **Document à télécharger sur www.guideducybercours.com.**

- Outil de référence : le magazine « Easy Going », Editions Speakeasy-Nathan, utilisé en remplacement d'un manuel scolaire.

5• DURÉE ET ÉTENDUE

Il faut compter cinq séances sur deux semaines.

Répartition des séances

1re séance : salle de cours, en classe entière. (*Prewrite*)
Les copies sont ramassées et annotées pour la séance suivante.
2e séance : atelier d'écriture au CDI, en autonomie dirigée avec l'aide du documentaliste et de l'assistant(e), en demi-classe. (*Write*)
Les copies sont à nouveau ramassées et annotées pour la 3ème séance.

3ᵉ séance : en salle multimédia. Distribution des copies pour que les élèves effectuent les recherches et complètent, rectifient et terminent le travail commencé, en demi-classe. Un poste par élève. (*Revise*)

4ᵉ séance et 5ᵉ séance : salle de cours, en classe entière, travail de synthèse, lecture du poème, travail collectif sur la mise en page et, si possible, la publication des poèmes. (*Publish*)

6• TEMPS DE PRÉPARATION POUR LE PROFESSEUR

Il dépend des connaissances et des compétences de chacun quant à la création de pages Web et la recherche documentaire sur Internet. Il est évident que ce genre de travail requiert beaucoup de temps de préparation (environ 10 à 15 heures).

7• SITES EXPLOITÉS

- •http://www.biography.com
- •http://www.infoplease.com/people.html : InfoPlease : People (plus de 30 000 biographies en ligne).
- •http://www.britannica.com : site encyclopédique pour bien débuter ses recherches.
- •http://www.time.com/time/time100/time100poll.html : the Most Influential People of the 20th Century (leaders and revolutionaries, artists and entertainers, builders and titans, and heroes and icons).

On espère que les élèves puissent retourner sur ces sites en autonomie pour effectuer d'autres recherches.

8• MISE EN OEUVRE

A partir de l'étude de deux poèmes tirés du CD audio New Standpoints Live 2001, on propose aux élèves de produire leur propre poème pour le publier, sur le site de l'établissement par exemple. Ils devront utiliser différents supports.

Anne Frank

Young, pretty, happy
Teenage write
Hiding, growing, learning
During World War II
Her words will live forever.

Nelson Mandela

Proud, kind, strong
South African
Struggling, leading, surviving
In his homeland
A role model for all people.

Première séance. **Salle de cours, en classe entière**

Warm-up : émission d'hypothèses à partir du mot « PEOPLE » puis mobilisation des connaissances lexicales autour de ce thème. Ecrire le mot au tableau ensuite faire formuler des hypothèses (it could/may/must be...fiction, non fiction, magazine article, biographie, poetry...). Après une brève discussion, en fonction des réactions de la classe, on peut imaginer une définition collective ou bien proposer une définition au rétroprojecteur.

Listening : activité de compréhension auditive. On travaille successivement sur les deux poèmes ci-dessus.
Première écoute : les élèves écoutent puis on distribue la grille d'écoute qu'ils complètent. Deuxième écoute : vérification et échanges inter-élèves. Troisième écoute : correction collective. Après la correction, on peut reconstituer le poème entièrement au tableau. Pour le second poème, on peut varier la procédure en demandant aux élèves de le prendre en dictée.

On peut se procurer la grille dans le magazine *New Standpoints* (N°7, Janvier 2001) ou bien on réalise une grille à partir des informations suivantes :

Compréhension orale du 1er poème : give information about this person (identity : her first name, her last name, age) give information about the time when she lived, pick out the three action words (-ing words) describing her, what's the last line of this poem ?

Compréhension orale du 2nd poème : give information about this person identity : her first name, her last name, nationality) give information about his life and times, three action words (-ing words) describing him, what's the last line of this poem ?

Faire prendre conscience aux élèves qu'un texte poétique respecte une forme précise. Les élèves ont à retrouver la structure de ces deux poèmes. Le groupe réalise ensuite une synthèse des consignes à respecter.

Structure du poème :

Title : First name Last name
Line 1 : A person you admire
Line 2 : Three words to describe the person
Line 3 : Place, group or activity identified with the person
Line 4 : Three action words (-ing words) for the person
Line 5 : When or where the actions take place
Line 6 : Thoughts or feelings about the person

Lexique : travail d'inférence
Listen to the two poems again and find the action words that correspond to the following expressions :
1. becoming an adult
2. continuing to exist
3. remaining in a secret place
4. observing and studying to know more
5. making efforts to get free, finghting
6. guiding and influencing people

Word Bank : On invitera les élèves à écrire le plus d'adjectifs, de verbes et de métiers possibles à inclure dans leurs poèmes. (Activité préparatoire au travail de création poétique).

Travail collectif (optionnel, en fonction du temps restant) : Rédaction d'un poème collectif : prise de notes collective au tableau.

Travail à la maison : Production écrite sur feuille. Rédiger un poème à partir des indications notées dans le cahier. Le poème devra insister sur ce qui rend la personne choisie unique (détails de sa vie, nationalité, pays d'origine, date de naissance, métier, etc.).

Deuxième séance. Salle de cours, en classe entière, CDI, demi-classe

"Ressources au CDI"

À partir de la deuxième séance, l'atelier d'écriture commence. Si on a la possibilité de dédoubler sa classe, on pourra utiliser le CDI en autonomie. La classe est dirigée avec l'aide du documentaliste et de l'assistant(e), en demi-classe. Le cours débute en classe entière en salle de cours.

Deux activités envisageables :
1• Écouter les productions de quelques élèves en leur demandant de ne pas dire le nom de la personne décrite.
2• Demander à quatre élèves de venir noter leurs productions au tableau en omettant le titre et le premier vers.

Les élèves peuvent-ils trouver la personne décrite ? Si oui, c'est réussi ! Sinon, on réfléchit à ce qui ne va pas dans le poème et comment l'améliorer. Dans les trente minutes restantes, on envoie un groupe au CDI où les élèves auront à leur disposition des cédéroms encyclopédiques en anglais, des livres, des manuels, des dictionnaires bilingues, des magazines avec cédéroms, l'aide de l'assistant(e). Recherche en autonomie. Parmi les cédéroms consultés : *Encarta Encyclopedia 2000 de luxe,* anglais (Microsoft) et *Dictionnaire Collins Cobuild* (Collins) version DVD.

Une fois que tous les élèves ont eu le temps de se rendre au CDI, relever les productions pour vérification (évaluation formative non-notée). On corrige en deux temps : souligner au crayon les erreurs commises, rendre son devoir à l'élève en lui demandant de réfléchir aux éléments soulignés (lexique, grammaire,...), puis de s'auto-corriger avant la correction définitive.

Troisième séance. En salle multimédia, en demi-classe. Un poste par élève.

Internet : « en ligne » à partir de sites pré-sélectionnés

Production : prise de notes, enrichissement culturel, reformulation à partir des notes.

Rendre son devoir à l'élève pour qu'il effectue ses recherches et terminer le travail. Cette séance leur propose un formulaire (cf. partie « créer un formulaire HTML ») en ligne pour taper leur propre création (autre possibilité : distribuer une photocopie papier du formulaire).

Travail en ligne indispensable pour consulter les sites de biographies. Activité de lecture : Phase de recherche d'informations supplémentaires afin de vérifier les informations, apprendre de nouveaux détails sur la vie des personnes célèbres choisies, etc. Les élèves prennent leurs notes et terminent le poème. L'enseignant suit les recherches et la progression des élèves, aide ceux en difficulté, donne quelques mots de vocabulaire... Ils devront penser à relever l'adresse URL du site qui leur a été le plus utile.

Il est évident que chaque élève doit effectuer une tâche bien définie. On demande aux plus rapides ayant terminé avant les autres de capturer des images illustrant les productions de la classe, et, s'il reste du temps, de retoucher la photo.

Quatrième et cinquième séance. Salle de cours, en classe entière

Travail de synthèse, lecture des poèmes, travail sur la mise en page et la publication des poèmes.

La publication :
De tous les poèmes écrits, on demande aux élèves de faire une sélection des 10 à 15 meilleurs poèmes. On travaille avec eux la mise en page, on réfléchit aux couleurs utilisées, aux illustrations à insérer, etc. Ce sont des activités qui permettent de réfléchir à nouveau au respect des consignes et à la justification des choix. *(Voir la première partie de cet ouvrage, « Créer des pages avec vos élèves. »)*

Savoir-faire mis en œuvre :
Donner des informations sur des personnes, exprimer une opinion personnelle, un jugement, justifier, commenter, opposer, apprécier, exprimer son accord, son désaccord « I like that! » « So do I! » « I quite/totally agree with you. » « Yes, but on the other hand... » « That's all very well but... » des suggestions ou des conseils « What about.../How about...? » « We could... » « You should... »

Tous les poèmes sont imprimés et affichés sur un mur de la classe, ou au CDI.

La dichotomie classique de la classe entre «les forts» et «les faibles» s'amoindrit en salle multimédia. Il n'y a que des élèves qui travaillent, à des niveaux certes différents, mais tous rendent une production. Aucun élève ne se trouve en situation d'échec puisque chacun a la possibilité de créer son propre poème, et ainsi participer à une œuvre collective. Certains élèves apprécient beaucoup la phase de réécriture. L'intérêt des élèves est manifeste et ils se laissent prendre au jeu. Chacun peut travailler à son rythme et tous ont accès à leur niveau à des documents authentiques, fruit de leur recherche et de leur choix.

Prolongement possible: utiliser les ressources en ligne du Magazine «iT's Magazine» HEROES 2000 **http://www.its-magazine.com/heroes.**

9• DIFFICULTÉS RENCONTRÉES ET CONSEILS DIVERS

- Au début de cette activité, certains élèves auront certainement tendance à dire ou à faire comprendre qu'ils «détestent» la poésie et «n'aiment» pas écrire. C'est pourquoi on peut envisager alors peut-être de présenter le résultat d'un tel atelier sous forme de jeu, avec la participation d'autres classes. Ils pourront ainsi deviner les personnes célèbres choisies. En outre, suivre des règles de constructions précises permet à l'élève d'être rassuré.
- Comme c'est souvent le cas avec les consignes, le résultat final sera très varié: certains les suivent à la lettre, d'autres en oublient volontairement une partie lorsqu'ils ne trouvent rien de pertinent à dire, etc.
- En une séance, certains élèves n'ont pu écrire qu'un seul poème, d'autres jusqu'à trois, le dernier étant souvent meilleur.
- Certaines personnes célèbres choisies ne se trouvent ni sur les sites exploités, ni sur le cédérom; l'élève doit alors faire une recherche plus approfondie à partir d'un moteur de recherche, avec l'aide de l'enseignant.
- Certains élèves ont tendance à zapper de page en page lors des recherches.

- Certaines biographies en ligne sont trop détaillées pour l'activité demandée aux élèves.

10• INTÉGRATION DE LA SÉQUENCE DANS LA PROGRESSION PÉDAGOGIQUE

(Ce qui a été fait avant, ce qui sera fait après)

Action faisant partie du projet «les 3 C»: Communication, Cultures et Citoyenneté dont l'objectif général est la maîtrise de la communication et de ses moyens (expression écrite et orale), et la généralisation de l'utilisation des outils multimédias, en particulier l'outil informatique. Le projet fait appel à des compétences multiples (lecture, expression écrite, culture générale, etc.). Il permet également une utilisation plus fréquente des technologies de l'information et de la communication afin d'accroître le temps d'expression et de contact avec la langue.

Thème travaillé au long de l'année:
«HEROES»: «Les personnes célèbres»
dans les domaines scientifique, littéraire, artistique.

Travail interdisciplinaire:
avec les lettres: possibilité de travailler sur des biographies d'auteurs.
avec les arts plastiques: possibilité d'illustrer les poèmes.
Avec la technologie: possibilité de construire les pages Web.

Cette activité peut être poursuivie de plusieurs façons:
- On peut demander aux élèves de rédiger dans le même style des poèmes sur d'autres thèmes abordés dans l'année. Après avoir étudié des extraits d'*Othello* et avoir vu la pièce au théâtre, les élèves ont rédigé un poème sur le personnage de leur choix.
- Dans le cadre d'une correspondance scolaire, on pourrait imaginer la rédaction de poèmes sur des grands personnages de l'histoire de France afin de les présenter.
- A chaque nouveau thème abordé, on peut demander une recherche sur les sites exploités.

11• COMPÉTENCES TECHNIQUES POUR L'ENSEIGNANT

- Niveau facile : le traitement de texte s'avère inévitable (copier/col-ler, récupération et intégration de textes et d'images), lacréation d'une page html (créer des liens hypertextes, mise en page, etc.) et retouches de photos de personnes célèbres.
- Niveau difficile : la création d'un formulaire (cf. ci-dessous) pour envoyer le résultat de son travail par mail directement depuis une page Web.

Créer votre formulaire HTML

Pour permettre aux élèves de saisir directement le fruit de leur travail en ligne, il convient de créer une page Web avec un formulaire. La plupart des logiciels proposent désormais des modèles à adapter simples d'utilisation et les fournisseurs d'accès offrent souvent une aide en ligne. Autre possibilité, récupérer un formulaire déjà en ligne et le retravailler. Ci-dessous, un petit script pour vous aider.

```
<FORM METHOD="POST" ACTION="http://adresse donnée par votre fournisseur
d'accès">
<INPUT TYPE="text" NAME="nom_du_champ">
.. Et tous les champs dont vous avez besoin ..
<INPUT TYPE="submit" VALUE=" OK»>
</FORM>
```

Vous placerez cette page sur le site web de votre établissement.
Vous receverez l'e-mail sur votre adresse email. Cet e-mail sera de la forme :

Date: Tue, 13 Jul 1999 16:54:31 +0200
From: **votre.email@nom** de domaine.fr
Subject:Form2Mail**URL:<http://login.nomdedomaine.fr/repertoire/form. html**>
To: login@nomdedomaine.fr

Page d'origine : **http://login.nomdedomaine.fr/repertoire/form.html**
** Valeurs résultats **
valeur1 : first result
valeur2 : deuxième résultat
OK : OK !

L'auteur

Olivier COLAS <Olivier.Colas@ac-versailles.fr>, professeur d'anglais, est rédacteur multimédia du site anglais de l'académie de Versailles et membre du Groupe d'Expérimentation Pédagogique Langues et Multimédia du CRDP. Il enseigne au collège du Parc aux Charrettes de Pontoise (Val d'Oise) et intervient en CM1-CM2. Auteur d'une série de manuels d'apprentissage du Français Langue Etrangère Gros plan sur... la France, il a également publié des articles parus dans Join In, New Standpoints et les Dossiers de l'Ingénierie Educative. C'est l'un des modérateurs de la liste de diffusion E-teach destinée aux professeurs d'anglais en France et il assure la conception de l'arborescence et la production de trois sites web :

- http://english.teacher.online.fr
- http://cyberlangues2001.online.fr
- http://www.ac-versailles.fr/pedagogi/anglais/default.htm

Ses cinq sites favoris :

http://www.english-to-go.com : *leçon hebdomadaire de « The English-To-Go Team » tirée de l'actualité et proposée par Reuters.com.*

http://www.connectedteacher.com/calendar/calendar.asp : *« Classroom Connect–Connected Teacher » propose un calendrier mensuel d'évènements, de manifestations et de fêtes à célébrer, avec des liens appropriés.*

http://www.teachnet.com : *site qui fournit toujours beaucoup de trucs et astuces pour les enseignants, des projets inter-écoles, etc.*

http://www.ananova.com : *« Order the news you want and we will deliver the stories as they break to your e-mail » site d'informations qui offre la possibilité de s'abonner à un service d'envoi de messages d'alertes sur des thèmes ou mots-clés choisis par l'enseignant. Idéal quand on travaille un thème spécifique avec une classe : les jeux olympiques, le Prince William, les élections, etc.*

http://www.speakeasy-mag.com : *site complémentaire aux thèmes traités en classe à l'aide du magazine Easy Going. Un site pour les enseignants, et surtout pour nos élèves.*

Le rallye pédagogique multimédia

Privilégions les pratiques simples et décomplexées de l'outil multimédia. L'appropriation des nouvelles technologies par les professeurs et les élèves pour de courtes cyber-séquences pédagogiques ne requiert pas des connaissances de spécialistes et permet d'apporter variété et nouveauté à notre enseignement.

Nous vous proposons ici un parcours de trois heures avec dans un premier temps une exploitation classique d'un texte autour de la thématique de la Corrida. La deuxième heure sera consacrée à un cours audiovisuel sur la même thématique. Enfin, la dernière heure fera appel à Internet pour un exercice simple, ludique et efficace autant du point de vue culturel que linguistique et communicationnel.

La première heure sera consacrée à l'étude du poème de Federico García Lorca «La cogida y la muerte», Llanto por Ignacio Sánchez Mejías, 1934.

Dans ce poème, Federico García Lorca rend hommage à son ami Ignacio Sáchez Mejías, célèbre torero, mort dans les arènes de Manzanares, le 11 octobre 1934.

Le professeur étudiera le texte ou une partie du texte en classe, en une heure, en fonction de ses objectifs et du niveau de ses élèves. Dans le cadre de ce parcours thématique et linguistique de trois heures au total, il abordera, au cours de l'heure consacrée au poème de Federico García Lorca, l'univers de la Corrida.

- Situation de la «plaza de toros de Manzanares» et bref historique (point récurrent au cours de deux autres heures) ;
- La symbolique de «las cinco de la tarde» ;
- La noblesse du torero ;
- Le combat et la mort ;
- Les couleurs, la lumière et les bruits...

Du point de vue linguistique, le professeur s'attachera, au cours de ces séances, à revoir les temps du passé, plus précisément le passé simple et l'imparfait. Il pourra insister sur le lexique lié à la Corrida et sur les nombreux symboles et métaphores tout au long du poème.

Ces quelques pistes didactiques non exhaustives permettent d'orienter l'étude du poème vers le travail audiovisuel de la deuxième heure.

Pour cette **deuxième heure** consacrée à l'univers de la Corrida, nous vous proposons de varier les supports et de travailler à partir d'un document audiovisuel (Anuncio N° 171. 9° festival publicitario de San Sebastian. DMB&B, Lagasca,88-7° Planta. 28001 Madrid). Il s'agit d'une publicité du Corte Inglès réalisée dans «la plaza de toros de Ronda». La publicité dure une minute exactement, sans texte ; la bande sonore est uniquement musicale, excepté à la fin. Les prises de vues des arènes de Ronda sont magnifiques, les couleurs et la lumière extraordinaires, l'architecture hautement mise en valeur par la qualité du tournage.

On y voit un mannequin toréer, revêtu d'un costume «EMIDIO TUCCI» à l'instar du «traje de luces».

Le scripto-visuel est très intéressant car il s'inscrit tout à fait dans notre projet pédagogique. On peut lire juste quelques mots à l'écran à la fin de la vidéo : «Las 5 de la tarde. El litri. Plaza de toros de Ronda. Emidio Tucci. El corte Inglès. Especialista en ti.» et la voix off de rajouter seulement : «Emidio Tucci, el arte de la moda».

Cette publicité du Corte Inglès mérite toute notre attention car elle fait le lien entre le poème de Federico García Lorca et le site de Iznarunda ci-après.

Les richesses autant thématiques que linguistiques et techniques permettent de mettre l'accent pédagogique sur :

- La symbolique de «las 5 de la tarde».
- «El arte de torear».
- La noblesse et l'élégance du «modelo / torero».
- La richesse architecturale de «la plaza de toros de Ronda».
- Les prises de vues panoramiques, les plongées et contre-plongées sur l'architecture de la plaza de Ronda doivent être absolument

soulignées. Ces dernières nous permettront de faire le lien avec le site internet sur Ronda ci-après.

Cette publicité s'inscrit parfaitement dans notre invitation de parcours autour de la Corrida. Nous ne proposerons pas de didactisation pour ce document audiovisuel afin de laisser le professeur libre d'adapter ces images à sa progression et nous nous concentrerons particulièrement sur notre propos : « le rallye pédagogique multimédia ».

De plus, si le professeur souhaite passer directement du poème de Federico García Lorca au « rallye pédagogique multimédia », cela est tout à fait réalisable et le document audiovisuel n'est qu'une étape possible et non indispensable pour arriver à cette troisième heure de cours.

1• LE PRINCIPE

La troisième heure de cours sera l'occasion de mettre en place un cyber-rallye pédagogique. Il s'agit d'un exercice fondé sur la rapidité de recherche d'informations à partir d'un site Internet pour une production, à l'oral, en classe. Puis par écrit à la maison en utilisant le traitement de texte classique : *Word*.

Le principe est simple. À partir d'une série de questions données par écrit au début du cours, les élèves, par équipes de quatre, disposent d'un temps limité pour aller à la recherche d' informations sur le site Web et répondre aux questions posées. Ces questions sont rédigées en amont par le professeur dans *Word* et mises à disposition des élèves dans leur dossier, chaque élève ayant un dossier à son nom dans le dossier de la classe. Ils iront le chercher en passant par *l'Explorateur Windows*. Ils ne doivent pas rédiger les réponses mais se contenter de prendre des notes à partir du site proposé par le professeur, voire quelques repères afin de préparer leurs interventions à l'oral pour la mise en commun et la vérification des résultats trouvés.

2• NIVEAU / CLASSE / TEMPS DE PRÉPARATION

Ces trois heures se prêtent fort bien à un travail en classe entière de première mais chaque professeur pourra adapter en fonction du niveau de ses élèves et de sa progression pédagogique. Pour le professeur, un maximum de deux heures de préparation est nécessaire pour ce cours multimédia d'une heure. Le niveau de technique requis pour la bonne réalisation de l'activité est celui d'un débutant (utilisation d'un navigateur, de *Word*, d'un moteur de recherche, et accessoirement, du e-mail).

3• INSERTION DANS LA PROGRESSION PÉDAGOGIQUE

Cette séquence multimédia doit s'inscrire dans une progression que seul le professeur peut établir. Elle tend à poursuivre les objectifs thématiques, linguistiques et communicationnels développés lors de l'étude du texte et de la vidéo des cours précédents. Elle vise une réutilisation de la syntaxe et du lexique étudiés en amont (les temps du passé et vocabulaire de la corrida) et un approfondissement de cette thématique sur le plan culturel. Puis elle va solliciter la communication à travers des échanges, à l'oral, lors de la mise en commun des recherches et résultats obtenus. Enfin elle permettra une progression dans la technique d'utilisation de l'outil multimédia : la navigation en temps limité, la recherche d'informations sur le Web, la rédaction dans *Word* pour le travail à la maison.

4• OBJECTIFS ET RICHESSES DU SITE EXPLOITÉ

Le site choisi après une recherche d'informations sur le Web par le professeur (Cf. *Guide du Cybercours I*, « La recherche d'information sur le Web », pages 44/46 et 78) est le suivant : **www.iznarunda.com/index.html**.

Cette activité vise plusieurs objectifs :

1• Culturels

- Elle permet d'aborder le sujet de la Corrida, certes polémique mais ô combien déclencheur et moteur pour la prise de parole.
- Elle permet également d'aborder l'aspect citoyen du monde associatif. Et pour une réflexion sur la citoyenneté, il est possible de faire prendre conscience aux élèves de ce qu'est « Iznarunda », et comment une association peut agir pour la protection et la diffusion du patrimoine historique et culturel d'une ville comme Ronda.

2• Linguistiques

Seront réemployés les temps du passé à partir des questions posées :

- ¿ Cuándo fue inaugurada… ?
- ¿ Quién fue Pedro Romero… ?
- ¿ Quiénes fueron los toreros… ?
- ¿ Qué pasó en… ?

De plus toutes les structures liées à la description pourront être utilisées :

- ¿ De qué se compone… ?
- ¿ Qué descripción hace de… ?
- ¿Cuáles son… ?

Peut être également abordé ou réutilisé, le lexique concernant :

- La plaza de toros ;
- L'architecture ;
- L'histoire.

3• Techniques

- Les élèves apprendront à mieux « surfer », à s'approprier un site en allant à la recherche des données précises, à respecter les consignes, à revenir sur des pages précédentes pour préciser leurs réponses.
- Manipuler et naviguer sont les simples objectifs techniques de ce travail à la portée de tous.
- Évidemment il serait intéressant que le professeur puisse capturer ce site afin de faire travailler les élèves hors connexion. La capture permettrait de conserver ce site, non daté, avec sa didactisation afin de l'adapter pour d'autres classes par exemple. Pour capturer ce site et travailler en toute légalité, le professeur doit tout d'abord en faire la demande par un mail adressé au webmaster dudit site (un simple mot expliquant que ce site capturé ne sera utilisé qu'à des fins pédagogiques dans le cadre de l'institution pour un exercice en classe). Ne pas hésiter à en faire la demande car, en général, les webmaster répondent positivement et cela ne pose aucun problème. Voir dans le site où se trouve l'adresse pour un contact : pour le nôtre, l'adresse est **iznarunda@ronda.net**.
- Pour les aspects pratiques de la capture : voir *le Guide du cybercours I*, page 51.

4• Communicationnelles

La partie de travail à l'oral consiste en une mise en commun des résultats trouvés par les élèves. Ils prendront plaisir à prouver qu'ils ont trouvé des réponses, les exprimeront en espagnol, et rajouteront le plus d'informations possible. Le recopiage du texte ou des phrases du Web n'est pas autorisé. Il ne s'exprimeront qu'à partir d'une simple prise de notes en réponse aux questions posées sur la feuille de route donnée en début de cours. Le caractère ludique et de compétition que revêt cet exercice, sollicite largement l'élaboration à l'oral.

Seront jugées ici l'aptitude à la prise de parole, à l'expression orale ainsi que la qualité des informations repérées.

5• EXPLOITATION PROPOSÉE

Il est possible de travailler en classe entière ou en demi-groupe. L'idéal étant de constituer des équipes (comme pour un rallye) de quatre élèves si la classe le permet. Les membres de chaque équipe se répartissent le travail, ils s'organisent seuls et se responsabilisent.

1• La recherche

Dans chaque équipe, un élève s'occupera de cibler les questions de la feuille de route (ronda.doc). Elle sera auparavant téléchargée par le professeur et placée dans le dossier **Mes documents** des élèves de la classe.

> **Document à télécharger sur www.guideducybercours.com.**

L'élève sera chargé de les comprendre pour accéder plus vite à la réponse. Il orientera les autres dans la recherche d'informations. Un deuxième élève sera le navigateur, il devra surfer avec agilité et toujours en collaboration avec les autres membres afin de ne pas faire perdre de temps à son équipe. Enfin, deux autres élèves sont responsables de la prise de notes. Ils doivent répondre aux questions posées sur la feuille de route qu'ils auront trouvée dans leur ordinateur. Il n'est pas permis de recopier le texte lu dans le site mais seulement de prendre des notes pour la production orale qui suivra.

Le temps de recherche et réponses aux questions est limité à vingt minutes-chrono. La notion de «temps limité» pour accomplir ces tâches est importante, car elle place l'apprenant dans un rapport d'efficacité, d'enjeu et de rôle à jouer. N'oublions pas l'aspect ludique de l'activité.

Une fois ce temps écoulé, les élèves doivent arrêter l'ordinateur et l'éteindre afin d'être tout à fait disponibles pour la partie orale, et pour ne pas être tentés de poursuivre plus loin les recherches sur le Web.

2• La mise en commun

Ordinateurs éteints, le professeur prend sa feuille de route et oralement pose les questions pour que la classe mette en commun les réponses trouvées avec le plus de précisions possible. Vingt minutes environ seront consacrées à cette tâche. L'objectif étant la communication à l'oral, le professeur n'hésitera pas de faire développer les réponses proposées par les élèves, à recueillir leurs impressions et à ouvrir le débat.

- Réutilisation des temps du passé (passé simple, imparfait).
- La datation. La numération.
- La description de l'architecture de «la Plaza de Toros de Ronda».
- Le rôle citoyen d'une association comme Iznarunda.
- Associations avec le document vidéo : el arte de la moda / el arte de torear.
- L'image fixe de «la Plaza de toros» sur le site de Iznarunda peut faire également l'objet d'une description.

Ce type d'exercices, à partir du nouveau support qu'est Internet, motive les élèves et suscite les réactions. Profitons-en, la communication en est facilitée et enrichie. Les élèves portés par ces outils produisent avec plus de plaisir et se lancent dans des constructions de sens bien mieux élaborées.

Vingt minutes ou plus seront consacrées à cette tâche, sachant qu'une large place doit être donnée à la production orale. Le professeur n'oublie pas les objectifs pédagogiques qu'il s'est fixé au départ et amène les participants à utiliser les points linguistiques, entre autres, qui ont fait l'objet de cette didactisation.

3• La trace écrite

Enfin l'enseignant marque au tableau, comme à l'accoutumée, une trace écrite qu'il aura préparée pour cadrer le travail d'apprentissage des élèves. Cette trace écrite sera notée dans le cahier et à apprendre pour la reprise du cours suivant.

4• Le travail à la maison

Dernière étape de l'exercice, le travail à la maison. Chaque élève devra remplir correctement, au propre, la feuille de route. C'est à dire qu'ils répondront aux questions par écrit et rendront la feuille de route au professeur qui la corrigera.

Les élèves doivent absolument conserver une trace écrite de ce travail dans leur ordinateur, le professeur peut donner en amont la consigne d'enregistrer la feuille de route sur une disquette. Ainsi les élèves pourront répondre aux questions en utilisant les ordinateurs de l'établissement (salle informatique ou multimédia, le CDI ou encore les ordinateurs en libre accès) et imprimer depuis leur disquette, la feuille de route pour correction. Il est évidement possible que les élèves envoient par mail au professeur la dite feuille en fichier attaché, toujours pour correction.

Enfin la feuille, une fois corrigée, sera rentrée dans l'ordinateur et archivée dans le dossier nominatif de chaque élève pour révision et « mise en mémoire » !

L'auteur

Thierry Vanel est le coordinateur de ce présent livre. On trouvera sa biographie au dos de cet ouvrage.

Ses sites favoris

www.terra.es
- El buscador : TERRA.

http://www.mcu.es/
- Ministerio de educación, de cultura y deporte.

http://www.mec.es/

http://cvc.cervantes.es
- Centro virtual del Instituto Cervantes

http://cervantesvirtual.com/index.shtml
- Biblioteca virtual. Miguel de Cervantes

http://www.bne.es
- Biblioteca Nacional de España

http://www.docuweb.ca/SiSpain/french/index.html
- Un service interactif, à travers le ministère des Affaires Étrangères. «Si, Espagne» propose un développement historique, linguistique et culturel très riche.

http://www.ac-versailles.fr/pedagogi/langues/esp/liens/li_bts_esp.htm
- Les meilleurs sites internet pour les BTS, proposés par l'académie de Versailles.

http://www.ac-nantes.fr/peda/disc/lv/espagnol/acc-esp.htm
- Le site de l'Académie de Nantes, très riche pour les professeurs d'espagnol. Avec en plus tous les sujets d'examens pour élèves et étudiants mis en ligne :
http://www.ac-nantes.fr/peda/disc/lv/espagnol/textes/textes.htm

La population de la France

Les 30 premières agglomérations françaises d'après le dernier recensement (1999).

Utiliser les nouvelles technologies (Internet, l'ordinateur) pour répondre à une question du programme où les livres de classe sont obsolètes : les chiffres du dernier recensement arrivent et sont une source de premier ordre à exploiter pour la leçon sur la population française.

Au lieu de recevoir des informations toutes faites, les élèves vont être constamment en activité, travailler à leur propre rythme, partir à la recherche des statistiques brutes pour les faire parler par l'intermédiaire de la carte puis du croquis. Ils vont ainsi construire leur savoir de A à Z en effectuant la démarche : recherche documentaire, interprétation des données recueillies, transposition des données sur la carte, interprétation des résultats avec croquis et publication du travail réalisé sur Internet.

A chaque stade, les élèves seront amenés à faire des choix sous la conduite du professeur.

1• OBJECTIFS

- Apprendre à chercher des informations sur Internet pour pallier les insuffisances du livre
- Savoir utiliser des séries statistiques en vue de les cartographier
- Prendre conscience de la difficulté du maniement des statistiques
- Savoir utiliser le tableur pour traiter rapidement des données chiffrées
- Être capable de réaliser une carte avec l'ordinateur
- Être capable d'interpréter les informations cartographiées
- Savoir faire la transposition carte/croquis pour retenir l'essentiel
- Savoir publier son travail sur le site Internet de l'établissement, voir **http://www.multimania.com/clgjarc**

(Les objectifs spécifiquement à destination des élèves se trouvent sur la fiche distribuée lors de la première séquence).

2• NIVEAU DE DIFFICULTÉ ET PRÉ-REQUIS

- Savoir utiliser l'ordinateur : maniement de la souris, repérage dans l'arborescence, enregistrement des fichiers, fonction copier-coller...
- Savoir faire une recherche sur Internet (ou connaître l'environnement Internet)
- Savoir utiliser le logiciel *Word* et son module de «dessin vectoriel»
- Savoir utiliser un tableur, par exemple *Excel*, (liaison avec le professeur de mathématiques)
- Savoir créer des pages HTML et les publier sur Internet.

Le niveau de difficulté majeur est celui du maniement de l'outil informatique. Dans ce domaine, il y a de grandes disparités entre les élèves (et les enseignants).

3• SUPPORT ET MATÉRIEL

- Un ordinateur (au moins) pour deux élèves connectés à Internet
- Les logiciels : *Word, Excel, Acrobat Reader*, un navigateur Internet, Copernic (pas obligatoire)
- Une imprimante (couleur ou NB).

4• NIVEAU

Classe de quatrième (ou éventuellement première, en détaillant davantage et en laissant plus d'initiatives aux élèves). Niveau assez difficile pour les élèves peu familiarisés avec l'outil informatique.

5• DURÉE ET ÉTENDUE

Six heures de travail en classe et quarante-cinq minutes de travail à la maison.

- Une séquence pour la recherche des données sur internet (1h)

- Une séquence en classe de mathématiques pour élaborer le tableau des données (1h)
- Une séquence pour réaliser la carte avec l'ordinateur (1h)
- Quarante-cinq minutes de travail à la maison pour interpréter les résultats et faire le croquis
- Une séquence pour corriger le travail et faire le bilan de l'étude (1h)
- Une séquence pour publier le travail sur le site internet de l'établissement (1h)
- Une séquence pour l'évaluation (dont une partie sur l'ordinateur qui note automatiquement les élèves).

6• TEMPS DE PRÉPARATION POUR LE PROFESSEUR

Le travail est ici tout préparé, le professeur doit seulement s'assurer que les élèves disposeront du matériel nécessaire, il doit photocopier toutes les fiches élèves-papier et mettre sur le serveur un exemplaire de chaque fichier informatique qui est requis pour les différentes activités. Tous ces documents sont présents sur le site **www.guideducybercours.com** et prêts à l'emploi, mais rien n'empêche le professeur d'adapter nos propositions à ses exigences ou à ses contraintes matérielles.

7• INSERTION DANS LA PROGRESSION PÉDAGOGIQUE

Ce travail s'inscrit totalement dans les programmes officiels de géographie et de mathématiques de la classe de quatrième (BO n° 5 du 30/01/1997) :

- Programme de géographie : IIᵉ partie : La France (voir le livret 1 « Programmes du cycle central » p 43)
- Programme de mathématiques :
  B. Travaux numériques (voir le livret 1 « Programmes du cycle central » p 28)
  C. Gestion des données (voir le livret 1 « Programmes du cycle central » p 31) 3. Statistiques (voir le livret 1 « Programmes du cycle central » p 31)

Géographie

8• EXPLOITATION PROPOSÉE

L'étude est proposée en six séquences de 55 min dont quatre par le professeur de géographie et une par le professeur de mathématiques (il serait dommage que cette séquence soit conduite par le professeur de géographie). La séquence de publication sur le site de l'établissement se fera en fonction des situations locales, par exemple avec la collaboration des professeurs de géographie, de mathématiques et de technologie.

A chaque séquence qui le nécessite, l'élève dispose d'une feuille photocopiée qui le guide dans son travail et lui donne les consignes nécessaires pour le réaliser. Le travail est effectué soit sur la fiche papier photocopiée, soit sur un fichier numérique.

1re séquence. En salle informatique : recherche documentaire sur l'internet. (1h)

- Recueil des informations nécessaires à la bonne conduite de l'étude : les élèves répondent aux questions posées sur leur fiche de travail papier (A. La population de la France : où vivent les Français aujourd'hui ?) en écrivant à la main.

> **Document à télécharger sur www.guideducybercours.com**

- Recherche des statistiques pour construire le tableau des données : les élèves remplissent le tableau de données sur le tableur de l'ordinateur : « B. Les 30 premières unités urbaines françaises (1999) » (fichier du logiciel *Excel* proposé : « 1td-tableur-agglo.xls »).

> **Document à télécharger sur www.guideducybercours.com**

La fiche de travail élève donne les conseils pour trouver les informations assez rapidement. On peut laisser les élèves chercher seuls pendant une dizaine de minutes, si les recherches n'ont pas abouti au-delà de ce délai, il convient de les aider. Quasiment toutes les informations demandées se trouvent dans un seul document, encore faut-il le localiser. En utilisant le logiciel *Copernic* ou un moteur de recherche (*Google* conseillé) et en tapant « population française » on aboutit sur le site de l'INSEE et parfois à la bonne page directement, mais pas toujours. Certains élèves iront sans

doute directement sur le site de l'INSEE ou sur le site de l'INED (site intéressant pour notre sujet, mais les élèves ne devront pas trop s'y attarder).

Pour trouver le document le plus approprié à notre étude à partir de la page
d'accueil du site de l'INSEE **http://www.insee.fr/** il faut cliquer dans la
colonne « la France en faits et chiffres » sur le mot « Population », on aboutit alors à une liste de documents concernant le dernier recensement au
format « pdf ». Ils sont placés en ordre chronologique (du plus récent au
plus ancien), seuls les vingt derniers sont affichés. Les titres peuvent renseigner, mais il y a plusieurs documents qui traitent des villes. Celui qui
correspond le mieux à notre étude est le numéro 707 daté du mois d'avril
2000, il s'intitule « Forte extension des villes entre 1990 et 1999 ».

Après avoir trouvé le document, en remontant dans la liste, on clique dessus, une boîte de dialogue s'ouvre et on clique sur **Ouvrir le document** qui
apparaît dans le logiciel gratuit *Acrobat Reader*. Le début de l'article permet de répondre aux questions sur la feuille de travail (différence
ville/agglomération...) puis on découvre le tableau des unités urbaines qui
va permettre de compléter le fichier sur le tableur. Les élèves doivent donc
avoir en même temps 3 fenêtres ouvertes sur le bureau : le navigateur
internet, le logiciel *Acrobat Reader* et le logiciel *Excel* (fichier B. "1td-
tableur-agglo.xls "). Il n'est pas possible de copier le tableau et de le
récupérer avec ses colonnes dans *Excel*, le plus simple est donc de demander aux élèves de faire des « copier–coller » pour éviter d'écrire et faire des
erreurs de copie. Pour faire « un copier–coller », l'icône **Texte** (T) du menu
d'*Acrobat Reader* doit être activée.

Exemple pour Paris :
- On sélectionne avec la souris le nom de « Paris » dans le tableau, avec
  le clic droit de la souris on active la fonction **Copier**, on passe dans
  la fenêtre du tableur, on sélectionne avec la souris la cellule où on
  veut coller « Paris » et avec le clic droit de la souris on active la fonction **Coller**.
- On répète alors ces mêmes opérations pour les nombres de la population de Paris en 1999 et en 1990.

Il faudra donc faire cet exercice pour les trente agglomérations ; c'est certes
fastidieux mais nécessaire (certains élèves essaieront peut-être de copier
les trente agglomérations d'un seul coup mais l'absence des colonnes au

collage rendra le travail encore plus difficile, d'autant plus que certaines colonnes sont à éliminer).

Les problèmes qui peuvent se poser et comment y remédier :
Certains élèves peuvent ne pas avoir terminé toute la collecte des informations à l'issue de la séquence. Ce n'est pas dramatique, l'essentiel est qu'ils aient compris comment on peut aller chercher des informations sur Internet et comment on peut les rapatrier sur son ordinateur pour les utiliser, comment on peut aussi consulter une encyclopédie en ligne.

2ème séquence. En salle informatique :
préparation du tableau de données pour faire la carte (avec le professeur de mathématiques) (1h)

Chaque élève retrouve sur l'ordinateur son fichier de la première heure : « B. Les 30 premières unités urbaines françaises (1999) » enregistré à son nom. Il convient de contrôler que le travail de l'élève ne contient pas d'erreurs et le professeur de mathématiques doit présenter la correction, soit par l'intermédiaire de l'ordinateur de l'élève, soit à l'aide d'un écran de contrôle ou du rétroprojecteur ou vidéoprojecteur.

Nous mettons à disposition pour ceux qui ont fait trop d'erreurs ou pour les absents de la première heure le fichier corrigé : « C. Les 30 premières unités urbaines françaises (1999) » (« 1td-tableur-agglo-correction.xls »). Si les élèves n'ont jamais été initiés au fonctionnement du tableur, le pro-

 > Document à télécharger sur www.guideducybercours.com

fesseur doit expliquer comment effectuer les différents calculs simples : somme, différence, pourcentages…Ensuite, il doit expliquer comment il faut procéder pour trouver la taille du disque de chaque agglomération proportionnelle au nombre d'habitants. Le tableur est déjà organisé pour faire ces calculs avec une démarche que les élèves devraient comprendre, mais si le professeur veut proposer une autre démarche, libre à lui.

On a décidé qu'une agglomération de 10 000 000 d'habitants (ville indice) serait représentée sur la carte par un disque de 3 cm de diamètre. Les élèves doivent donc trouver par quel diamètre il faudra représenter les autres agglomérations. Pour cela, il faut calculer l'aire de chaque disque, puis en déduire son diamètre.

Géographie

Ex pour Paris :
- Calcul de l'aire du disque qui va représenter Paris : (9 644 507x3x3x3,14) : 10 000 000 = 6,814 cm².
- Calcul du diamètre de Paris : pR2 = 6,814, R2 = 6,814 : 3.14, R = Racine de 6,814 : 3,14 = 1,475

Le diamètre du disque de Paris sera donc : 1,475 x 2=2.95 cm (*Word* sachant travailler à ce degré de précision du millimètre). Il faut signaler ici que seul l'ordinateur va nous permettre de faire un travail aussi précis et aussi rapidement (les élèves ne pourraient pas faire ce travail avec leur compas) et de plus, il n'y a pas nécessité de ranger les agglomérations en classes ce qui aurait pour but de gommer certaines différences.

Sur le fichier du tableau des données pour l'élève « B. ou C. Les 30 premières unités urbaines françaises (1999) », un pas à pas est indiqué sur la manière d'entrer une formule et l'écriture des principales formules est indiquée, mais c'est au professeur de décider s'il doit les conserver ; en tout état de cause, les élèves ne devront pas appliquer des formules toutes faites sans en comprendre le sens. Quand le tableau est terminé chaque élève doit l'imprimer (pour la correction voir le fichier D. "2tableur-correction.xls").

> **Document à télécharger sur www.guideducybercours.com**

Il faudra rappeler aux élèves qu'ils devront apporter le tableau imprimé pour la troisième séquence et connaître parfaitement la localisation des 30 premières unités urbaines (pour l'apprentissage, ils utilisent leur livre de classe ou un atlas).

Les difficultés que l'on peut prévoir dans cette heure :
- Si les élèves n'ont jamais utilisé un tableur, ils peuvent être déroutés mais ils en verront vite l'avantage. Quand on a établi la formule pour un calcul, il suffit de l'étendre à toute la colonne pour voir afficher immédiatement tous les résultats (on évite donc de répéter 30 fois les mêmes calculs).
- La réelle difficulté sera sans doute de faire comprendre aux élèves le problème de la proportionnalité entre la taille du disque et la population de l'agglomération, ce n'est pas le rayon du disque qui est proportionnel au nombre d'habitants mais l'aire. La notion de racine carrée pourra être une difficulté supplémentaire.

Mais en contrepartie, les élèves comprennent l'utilité des mathématiques : ils ne font plus des mathématiques pour faire des mathématiques, mais pour résoudre un problème technique concret : réaliser la carte.

3ème séquence. En salle informatique : réalisation de la carte à l'aide du logiciel Word (1h)

Utiliser un logiciel de traitement de textes pour faire une carte peut apparaître peu banal pour certains. Mais utiliser *Word* offre de nombreux avantages : on peut pratiquement tout faire, on n'a pas besoin d'acheter un logiciel spécialisé et surtout on va travailler en mode vectoriel, c'est-à-dire avec une qualité parfaite quel que soit le rapport d'agrandissement. Le problème, c'est bien sûr de trouver le fond de carte qui s'ouvre dans le logiciel *Word* et de le préparer pour les élèves. Pour cette séquence, pas de souci puisque nous vous procurons le fond de carte tout prêt pour les élèves. Les professeurs qui voudraient réaliser leurs propres fonds de cartes pour d'autres activités, peuvent se reporter à la partie complémentaire sur la technique.

Deux fonds de carte sont proposés aux élèves ; pour une carte en couleurs " 3fdc-aglo-nb.doc " (G), pour une carte en noir et blanc " 3fdc-agglo-col.doc " (F).Les fichiers des fonds de cartes seront copiés à partir du site

> **Document à télécharger sur** www.guideducybercours.com.

sur le serveur, ils sont évidemment en lecture seule. Les élèves enregistreront leur travail sous leur propre nom dans leur répertoire habituel et on leur distribuera la fiche papier pour les consignes de travail (E : CARTOGRAPHIE ASSISTEE PAR ORDINATEUR).

> **Document à télécharger sur** www.guideducybercours.com.

Les élèves doivent aussi être en possession du tableau des données (B. Les 30 premières unités urbaines françaises) qu'ils ont complété avec le professeur de mathématiques (correction du tableur : D. " 2tableur-correction.xls ").

> **Document à télécharger sur** www.guideducybercours.com.

Nous n'avons pas envisagé de faire travailler les élèves sur les 30 agglo-mérations : la carte sera donc commencée, à eux de la terminer ; il leur res-tera à faire 15 agglomérations. Seule la démarche qui compte et le travail doit être terminé dans l'heure (carte imprimée comprise). Les élèves doi-vent être capables de trouver le nom des villes à localiser sans document puisqu'il leur avait été demandé de les apprendre (évaluation formative).

Le choix des seuils pour déterminer les classes de croissance est certes délicat, et il convient d'en débattre avec les élèves. Ici nous avons imposé un choix qui peut être discuté. On pourrait envisager aussi de laisser les élèves gérer les seuils, et on aboutirait ainsi à des cartes toutes différentes et ce serait intéressant de les comparer et d'introduire le débat sur la façon de faire parler les chiffres, mais cela donnerait lieu, à notre avis, à une autre activité.

Chaque élève doit repartir à la fin de la séquence avec sa carte imprimée. Il aura pour mission ensuite de répondre pour la prochaine séquence aux questions posées sur les 2 feuilles de la fiche « I. Interprétation de la carte » et des informations recueillies qui seront distribuées en fin de séquence. On peut accorder aux élèves une semaine pour faire ce travail mais on pourrait aussi envisager de le faire effectuer en classe. (Document I, fichier "4synthese.doc")

 > **Document à télécharger sur www.guideducybercours.com.**

Les problèmes qui peuvent se poser et comment y remédier :
Normalement, la fiche-élèves, présente sur le site, (E. CARTOGRAPHIE ASSISTEE PAR ORDINATEUR) donne toutes les consignes nécessaires à la réalisation de la carte. Toutefois, pour Paris, quand le disque sera agrandi, compte tenu de son importance, il faudra le replacer de façon à ce qu'il n'empiète pas sur les agglomérations voisines (utiliser plutôt les flèches de direction du clavier que la souris). Les élèves doivent veiller aussi à ne pas trop bouger les objets (sauf pour bien positionner les agglomérations) et à utiliser la touche **Annuler** quand ils se sont trompés.

Pour l'orientation de la carte, je vous joins la police (2 fichiers) « Geogra-phicSymbols » qui contient la rose des vents (à copier à partir du site, à dézipper et à coller dans le répertoire **windows/fonts** de chaque ordina-teur si elle ne s'y trouve pas.)

En fonction de l'imprimante, la carte sera réalisée en couleur (ce qui est préférable) ou en noir & blanc.

> **Document à télécharger sur** www.guideducybercours.com.

Pour le travail à réaliser à la maison : le croquis doit être présenté sur papier mais rien n'empêche l'élève de faire ce travail à l'aide de l'ordinateur s'il le désire et s'il en est capable (en mode bitmap, avec le logiciel *Paint* par exemple, ou en mode vectoriel avec le logiciel *Word*). Une correction (J), réalisée avec le logiciel *Word*, vous est proposée sur le site (fichier "hexagone99.doc").

> **Document à télécharger sur** www.guideducybercours.com.

4ème séquence. En salle de classe : correction du travail fait à la maison (1h)

Le professeur de géographie contrôle le travail des élèves et procède à la correction. Pour le croquis, le professeur présente une correction (J) au rétroprojecteur ou sur tout autre support.

A l'issue de la séquence, le professeur demande aux élèves de revoir la leçon pour l'heure consacrée à l'évaluation sommative.

5ème séquence. En salle informatique : publication du travail réalisé (carte et informations recueillies) (1h)

Cette séquence est fonction des situations locales. Elle peut se faire d'une façon totalement autonome avec le professeur de géographie ou de mathématiques (le mieux serait les deux ensemble) ou avec la collaboration du professeur de technologie ou du club Internet qui gère le site de l'établissement. L'intérêt est ici, en plus du savoir-faire, de valoriser le travail des élèves et de le mettre à disposition de tous.

6ème séquence. En salle informatique : évaluation sommative (1h)

L'évaluation est prévue en deux parties :

Une partie « connaissances »

(Deux évaluations notées sur dix points chacune)

Cette partie s'effectuera à l'aide de l'ordinateur qui va noter automatiquement chaque élève (s'il n'y a pas un ordinateur par élève, les élèves devront se relayer). Le professeur devra mettre sur le serveur (**Copier-Coller**) et dézipper (à l'aide de *Winzip*, logiciel gratuit que vous pouvez trouver sur **www.telecharger.com**) le fichier « quests » qui contient sept fichiers (52ko en tout).
Les élèves doivent ouvrir le fichier K. « questpopulation.html » dans *Internet Explorer* (ou tout autre navigateur). Ils sont alors interrogés sur le vocabulaire, les chiffres-clés et la localisation de quatre agglomérations. Quand ils ont appuyé sur la touche **Valider**, ils ne peuvent plus revenir en arrière et la note est définitive, le professeur relève alors la note sur dix attribuée par l'ordinateur (les élèves ne peuvent pas accéder à la source des corrections, tout est parfaitement sécurisé, mais les réponses doivent être saisies en MAJUSCULES).
Le fichier L « questagglos.html » évalue de la même manière les élèves mais uniquement sur la localisation de dix agglomérations (différentes de celles évaluées dans le premier questionnaire).

 > **Documents à télécharger sur www.guideducybercours.com.**

Une partie rédigée

Cette partie s'effectuera sur feuille (rédaction d'un paragraphe agrémenté d'un croquis), le professeur devra la corriger malheureusement manuellement.

Questions posées : Comment la population de la France métropolitaine a-t-elle évolué depuis 1935 ? Où sont localisées les 30 premières agglomérations françaises ? Ont-elles évolué toutes de la même manière entre les deux derniers recensements ? Expliquez.

Dites quels sont les changements récents dans les espaces « centre » et « périphérie ». Faire le schéma de l'hexagone, avec sa légende, qui résuma la population urbaine française et son évolution entre les deux derniers recensements.

9• TABLEAU RÉCAPITULATIF DES ACTIVITÉS

Séquences	Documents élèves	Nom des fichiers correspondants à télécharger	Travail à faire en classe / Travail à faire à la maison
1ʳᵉ heure : **Recherche**	1 fiche de travail papier A 1 fichier informatique B	a_1td-agglos99.doc b_1td-tableur-agglo.xls	Compléter la fiche A Compléter le tableau B
2ᵉ heure : **Tableur (maths)**	le fichier B. (tableau)	c_1td-tableur-agglo-correction.xls	Calculs sur le tableau B Imprimer le tableau B Apprendre les 30 agglomérations pour heure 3
3ᵉ heure : **Cartographie**	le tableau des données imprimé B 1 fiche de travail papier E.(consignes carte) le fichier informatique du fond de carte F. pour la couleur, G. pour le noir et blanc 1 fiche de travail papier I. pour la synthèse (2 feuilles)	d_2tableur-correction.xls e_3td-carte.doc f_3fdc-agglo-col.doc (F) g_3fdc-agglo-nb.doc (G) i_4synthese.doc	Faire la carte et l'imprimer sous son nom Remplir les feuilles pour l'heure 4
4ᵉ heure : **Correction**	les 2 feuilles papier remplies + le schéma tous les autres documents, dont la carte H	j_Hexagone99.doc (J) h_3carte-agglo99.doc (H)	Correction du travail fait à la maison Apprendre la leçon pour heure 6
5ᵉ heure : **Publication**	Tous les documents réalisés (ils seront collés dans le cahier)	h_3carte-agglo99.doc (H)	
6ᵉ heure : **Evaluation**	2 fichiers informatiques zippés (élèves notés par le logiciel) feuille de copie (élèves notés par le professeur)	k_Quests.zip (K)	Répondre aux questions posées sur l'ordinateur Rédiger un paragraphe et faire un schéma

Les documents A, E, I (2 feuilles) doivent être photocopiés par le professeur pour les élèves.
Les documents D et H doivent être imprimés par chaque élève.
Les documents B (ou C), F (ou G), K, L sont des fichiers informatiques utilisés par des élèves.
Les documents J et H peuvent être imprimés par le professeur sur transparent pour présenter les corrections aux élèves.

10• EN SAVOIR PLUS POUR FAIRE DE LA CARTOGRAPHIE AVEC LE LOGICIEL *WORD*

1• Pourquoi utiliser le logiciel Word ?

La cartographie assistée par ordinateur (cartographie automatique), s'est beaucoup développée, mais elle demande des logiciels spécialisés, souvent coûteux et complexes, sur des ordinateurs puissants (ce que nous ne possédons pas toujours dans nos établissements scolaires). De plus, cette cartographie «automatique» ne présente pas un caractère très pédagogique pour nos élèves les plus jeunes. En revanche, le logiciel *Word* qui est très répandu et qui possède un module de dessin vectoriel peut permettre aux élèves de réaliser leurs cartes avec des possibilités techniques bien supérieures à celles de la boîte de crayons de couleurs, de la gomme, de la règle, du compas ... oubliés une fois sur deux.... Sans compter les avantages du travail à l'ordinateur: classe motivée, calme, travail rapide, impeccable, modifiable à l'infini sans dommage, réelle pédagogie différenciée.

Word permet toutes les exigences de la cartographie: trames, couleurs, niveaux de gris, symboles divers, écritures variées, flux de la carte thématique à la carte de synthèse (ce que ne fait pas un logiciel de cartographie automatique).

De plus, avec le logiciel *Word* on travaille en mode vectoriel et non en bitmap (mode points), cela nous donne trois principaux avantages:

- Fichiers peu volumineux et possibilité de travailler avec des machines peu puissantes
- Tracé parfait sans perte de résolution à l'agrandissement
- Souplesse pour travailler, on peut reprendre et modifier son travail à tout moment

La seule difficulté pour le professeur est de trouver le fond de carte qui corresponde à la carte désirée.

2• Où trouver le fond de carte vectoriel ?

On peut extraire le fond de carte du logiciel en shareware Versamap (à télécharger : **http://jfbradu.free.fr/**).On peut aussi fabriquer dans *Word* son propre fond vectorisé en superposant un fond numérisé bitmap.

La solution la plus simple est de télécharger gratuitement des fonds de cartes au format *Word* et mis à votre disposition sur Internet (par exemple sur mon site personnel : **http://jfbradu.free.fr**).

3• Paramétrer le logiciel Word pour travailler en mode dessin :

- On travaille en mode « page » (**Affichage > Page**)
- Activer la barre d'outils « dessin » (icône **Dessin** sur le menu ou **Affichage > Barre d'outils > Dessin**)
- Désactiver la grille : **Dessin > Grille**
- Mettre l'outil de vectorisation **Forme libre** (**Formes automatiques - > Lignes > Forme Libre**) sur la barre d'outils de dessin : **Affichage > Barre d'outils > Personnaliser > Formes automatiques > Forme libre** (faire un **Glisser-Déplacer**). Faire la même opération pour l'outil **Modifier les points** (**Dessin > Modifier les points**)
- Ajouter l'outil **Répéter** sur la barre d'outils standard (catégorie **Édition**)

4• Vectoriser un fond de carte

Il faut d'abord trouver le fond de carte adéquat sur un support papier (qui devra être numérisé avec le scanner) ou un fichier numérique (fichier bitmap).

Le fond de carte numérique doit ensuite être ouvert dans un logiciel qui permet la vectorisation, par exemple *Word* ou *Corel Draw*.

Il s'agit ensuite de repasser (en cliquant avec la souris) les contours du fichier bitmap et en veillant bien à fermer tous les objets « surface » (ex : les départements pour la carte des départements) et les superpositions (frontières communes) doivent être parfaites.

Ce travail, minutieux, ne comporte pas de réelle difficulté mais il est long, donc fastidieux.

Pour réaliser un travail précis, on a intérêt à travailler avec le zoom (jusqu'à 500 % dans *Word 2000*) et à travailler dans une couleur de trait différente de celle du fond de carte modèle. *Corel Draw* permet de travailler avec des plans (calques), mais *Word* est d'un emploi plus simple.

Aucun logiciel, à notre connaissance, ne permet de transformer un fichier bitmap en fichier vectoriel parfait. Cependant, l'utilitaire *Corel Trace* de *Corel Draw* permet de vectoriser à 80 % environ des fonds de carte assez simples. On peut donc gagner du temps de cette façon, les 20 % restants étant repris manuellement.

5• Pas à pas dans Word pour vectoriser un fond de carte

- Ouvrir un nouveau document *Word* : **Fichier > Nouveau**
- Insérer dans la page le fond bitmap : **Insertion > Image > À partir du fichier** > choisir le fichier bitmap, *ex* : " USAETATS.gif "
- Activer l'outil de vectorisation **Forme libre** et vectoriser successivement à l'aide de la souris en suivant le tracé du modèle du fichier bitmap (pour faire un travail précis, travailler à 200 ou 500 %, ne pas oublier de fermer chaque objet en cliquant deux fois avec le clic gauche de la souris).
- Quand la vectorisation est terminée, sélectionner le fond bitmap et le supprimer avec la touche **Suppr**.
- Enregistrer le fond vectorisé au format *Word* : **Fichier > Enregistrer sous**, *ex* : " USAETATS.doc "

6• Quelques commandes à connaître

Avant d'actionner la commande, l'objet doit être sélectionné en cliquant dessus avec la souris :

- Changer la couleur de trait : activer l'outil **Couleur du contour** et choisir une couleur.
- Changer l'épaisseur du contour : outil **Style de trait.**

- Changer le style de ligne : outil **Style de ligne.**
- Colorier un objet (la surface) : outil **Couleur de remplissage**, choisir sa couleur.
- Mettre une trame : **Motifs et texture > Motifs >** choisir sa trame en N & B ou en couleur.
- Dessiner un cercle : outil **Ellipse**, appuyer en même temps sur la touche **Shift** pour avoir un cercle parfait (ou cliquer 2 fois sur le cercle pour ouvrir la boîte de dialogue qui permet de modifier la taille).
- Ecrire : outil **Zone de texte**, on peut jouer sur les plans : **Dessin > Ordre > Mettre au premier plan**
- Insérer une forme : **Formes automatiques > Formes de base > Triangle isocèle**
- Dessiner une migration : **Formes automatiques > Flèches pleines** (on peut transformer à souhait la forme des flèches).
- Pour dessiner un flux on peut utiliser aussi : **Formes automatiques > Lignes > Courbes** (à chaque fois que l'on change de direction il faut cliquer une fois avec la souris et deux fois pour terminer).

Si l'on veut modifier la forme du flux créé : le sélectionner, puis **Dessin > Modifier les points.** On peut ensuite attribuer l'épaisseur, le figuré et la couleur du flux à sa convenance.

- Dessiner une interface dynamique : **Formes automatiques > Lignes > Flèches à deux pointes** (choisir le figuré et la couleur conformes, donner la forme convenable à la flèche).
- Orienter la carte : **Insertion > Caractères spéciaux > Symbolsgéographic > Rose des vents** (si l'ordinateur ne possède pas ce symbole, chercher dans d'autres polices ou mettre cette police dans le répertoire Windows\Fonts).
- Réduire la taille de la carte ou utiliser la fonction **Grouper** : afficher la page à 50%, activer l'outil **Sélection des objets**, englober toute la carte dans la sélection, activer l'outil **Grouper** (**Dessin > Grouper**), sélectionner la carte qui ne forme plus qu'un seul objet et la réduire à l'aide de la souris à sa convenance. Afficher la page à 100%.

Attention : pour garder les mêmes proportions à l'agrandissement ou à la réduction : sélectionner la carte : **Format > Bordure et trame > Taille** : cocher la case Garder le même rapport hauteur/largeur.

- Dissocier la carte : la sélectionner, activer l'outil **Dissocier** (**Dessin > Dissocier**), si les objets sont très nombreux, il faut parfois dissocier en plusieurs fois.

<u>Remarques :</u>

Pour sélectionner deux ou plusieurs objets à la fois, il faut maintenir la touche **Shift** (majuscule) enfoncée pendant que l'on sélectionne les objets avec la souris.

Pour les fonds de cartes vierges, on a tout intérêt à attribuer une trame de couleur blanche à tous les objets pour les sélectionner plus facilement (sinon, il faut les sélectionner en cliquant sur le trait de contour).

L'auteur

Jean-François BRADU, <jfradu@noos.fr> agrégé en histoire-géographie, professeur au collège public Jeanne d'Arc d'Orléans. Site internet personnel : **http://jfbradu.free.fr** *avec une partie « cartographie » qui propose des fonds de cartes pour le logiciel Word.*

Ses réalisations sur Internet

http://www.ac-orleans-tours.fr/rdv-histoire/
Gestion du site les Rendez-vous de l'Histoire de Blois.

http://www.ac-orleans-tours.fr/hist-geo-carto/cartogra.htm
Partie « cartographie » du site académique d'Orléans-Tours.

http://multimania.com/clgjarc
Site internet du collège Jeanne d'Arc d'Orléans.

Les défis scolaires : le sport en Allemagne

Les défis scolaires sont un concours organisé sur Internet. Le concept a été élaboré par une société privée en collaboration avec le CRDP de Nantes. Il s'adresse à toutes les matières et est organisé par niveaux. Il s'agit d'un cadre à remplir (on pose des questions) à disposition d'enseignants désireux de lancer un concours dans leur discipline : **http://www.defis-scolaires.com**.

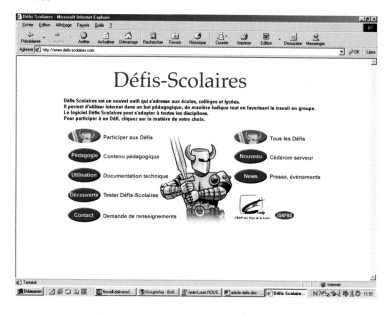

Deux collègues de l'académie de Versailles, Katrin Goldmann et Olivier Colas, ont organisé pour l'année scolaire 2000-2001 des défis en anglais et allemand, pour les niveaux primaire, collège et lycée. Les défis sont ouverts de fait aux apprenants du monde entier. Le concours est composé de questions (ouvertes ou sous forme de QCM) rédigées dans la langue cible. Les réponses sont à trouver de préférence sur Internet, mais les autres ressources ne sont bien entendu pas exclues.

Le concours a été ouvert de novembre 2000 à février 2001, ce qui laisse le temps d'organiser le travail avec les élèves.

1• PRINCIPE DU DÉFI SCOLAIRE

Un professeur décide de lancer un défi et rédige ou fait rédiger par ses élèves un questionnaire d'une vingtaine d'éléments. Dans le cas présent, les questions ont été conçues et rédigées par les élèves du collège Jules Ferry de Sainte-Geneviève-des-Bois. Katrin Goldmann les a aidés pour la correction de la langue. Les questions ont été mises en ligne à disposition des enseignants d'allemand sur le site **http://www.defis-scolaires.com**. Ce sont les mêmes élèves qui ont corrigé les réponses. Ils ont parfois demandé des précisions en cas de réponse incomplète.

Les questions ne sont accessibles que pendant la période du concours. Le défi a été ouvert cette année du 22 novembre 2000 au 07 février 2001.

Le professeur qui souhaite participer au défi rejoint le site, prend connaissance des questions, inscrit sa classe et lance ses élèves à l'aventure. Les élèves relèvent le défi et renvoient leurs réponses via le site pour enregistrement. Les réponses sont évaluées par l'enseignant qui a lancé le défi (ou dans le cas présent par ses élèves). Le palmarès est proclamé au cours des «Journées Multimédias» de l'académie de Versailles.

Ce concours sera reconduit vraisemblablement d'année en année, vu le succès que la première édition a rencontré. Pour vous tenir au courant des dates des futurs défis, il vous suffira de consulter le site que l'académie de Versailles lui consacre : **http://www.ac-versailles.fr/pedagogi/defi/go.htm**.

Important: Les prochains concours seront dotés de prix.

2• LES OBJECTIFS

C'est essentiellement de la recherche documentaire et de la communication.

1• Objectifs linguistiques

Le premier est bien entendu de confronter les élèves à une langue authentique et à des styles de textes très variés.

Le deuxième de rédiger leurs réponses dans une langue aussi correcte que possible. Trop d'incorrections seront pénalisées.

2• Objectifs transdisciplinaires

Le premier est de développer une compétence rendue de plus en plus utile lorsqu'on navigue sur Internet, qu'on appelle «scanning», et qui est le balayage rapide de textes à la recherche d'une information précise dans une masse d'informations plus ou moins bien organisée.

Le second est de développer des stratégies de recherches (apprendre à naviguer, à choisir le bon moteur de recherche, à comprendre qu'Internet n'est pas qu'une immense banque de données, c'est aussi la messagerie, les «chats», etc...).

3• PRÉ-REQUIS

1• Pré-requis linguistiques

les défis étant organisés par niveaux, les questions sont formulées en conséquence. Quant à la recherche sur Internet, les stratégies de compréhension sont très importantes.

2• Pré-requis techniques

Pour le professeur

- Savoir naviguer sur Internet
- Savoir se servir d'un moteur de recherche

- Savoir récupérer des photos sur Internet sous forme de fichier
- Savoir récupérer du texte d'Internet dans un traitement de texte (facultatif).
- Savoir se servir de la messagerie et joindre des documents (facultatif).

Pour les élèves

- Savoir naviguer sur Internet.
- Savoir utiliser la messagerie (y compris pièces attachées éventuellement)

Les élèves travaillant par binômes, il faut s'assurer qu'un élève par paire est initié à la navigation et à la messagerie. Sinon, il n'est pas interdit de consacrer un moment à cette initiation.

4• SUPPORTS ET MATÉRIEL

Une salle multimédia avec tous les postes connectés à Internet. Si tel n'est pas le cas, on peut travailler autrement. Pour voir comment d'autres collègues ont travaillé, on peut consulter le site suivant : **http://www.ac-versailles.fr/pedagogi/defi/feedback.html**.

5• NIVEAU

L'activité a été réalisée avec une classe de Seconde LV1 de seize élèves. J'ai travaillé en classe entière, mais on peut aussi travailler en module ou en demi groupe si la classe est trop nombreuse.

6• DURÉE ET ÉTENDUE

Une séance préparatoire, puis une heure par semaine sur 3 semaines.

7• TEMPS DE PRÉPARATION

Pour le professeur :

- Une à deux heures

- Pour comprendre comment ça fonctionne (saisie des réponses, correction des réponses incomplètes) et s'inscrire (choix d'un mot de passe et d'un identifiant)
- Lire les questions et essayer de repérer celles dont la réponse sera difficile à trouver. (Il faudra les distribuer à plusieurs binômes !)

8• DÉROULEMENT DE L'ACTIVITÉ.

Premier pas essentiel: obtenir l'adhésion des élèves. Il faut se lancer avec une classe avec laquelle on a un bon rapport et du plaisir à travailler. En général, dès qu'on lâche le mot « Internet », la partie est presque gagnée d'avance.

J'ai commis une erreur, et on ne m'y reprendra plus : j'ai négligé d'expliquer à quoi servait cette activité et au bout d'une ou deux séances, de très bons élèves, à qui l'enseignement traditionnel a très bien réussi, ont manifesté des doutes sur l'intérêt de ce travail : il faut donc prendre le temps de leur expliquer que collecter des informations dans un texte de manuel ou sur Internet, c'est le même exercice, répondre à une question sur Internet ou dans un exercice du manuel, c'est toujours de l'expression écrite, etc... Après ces explications, ils se sont mis au travail. Il ne faut pas négliger cet aspect « communication ».

J'ai choisi pour cette heure hebdomadaire de travailler avec l'assistante et nous avons opté pour des séances « tout allemand », y compris les indications techniques. Quand cela était nécessaire, je reprenais en français.

Toutes les séances ont eu lieu en salle informatique.

Première heure. **Travail en classe entière**

- Rappel des principes de base de la navigation sur Internet.
- Distribution de la liste des principaux moteurs de recherche.
http://www.google.com/
http://www.yahoo.de
http://de.altavista.com/
http://netguide.de/
http://www.dino-online.de/
http://web.de/
http://www.lycos.de/

http://www.fireball.de
- Distribution d'une photocopie comportant toutes les questions du défi.(cf. document Internetwettbewerb),à télécharger sur :

> **Document à télécharger sur www.guideducybercours.com.**

- Lecture des questions dans le but d'identifier le sport concerné quand il était possible de le trouver et de repérer les mots-clefs qui serviront à lancer la recherche.
- Constitution des binômes avec deux critères, pas toujours compatibles : intérêt pour tel ou tel sport et maîtrise de l'outil (j'ai essayé de faire des binômes avec un élève initié et un néophyte). J'ai constitué 7 binômes. Les questions 3, 9, 15 et 19 ont été données à trois binômes. Chaque binôme devait donc répondre à trois questions.
- Consigne : relever le vocabulaire et expressions rencontrés concernant le sport.

A la fin de l'heure l'annexe 1 était remplie. Chacun savait ce qu'il avait à faire. Je ne leur ai pas demandé de faire des recherches à la maison (pour ne pas «favoriser» ceux qui avaient Internet chez eux) ou au CDI. Tout le travail a été fait en classe.

Deuxième heure. Recherches en binômes

Troisième heure. Les 30 premières minutes : suite des recherches, travail en binôme

Rôle du professeur et de l'assistante

- Nous avons décidé de ne pas chercher les réponses. Nous avons joué le jeu du concours.
- L'assistante et moi étions entièrement disponibles pour répondre aux questions des élèves quand la tâche était trop ardue (problèmes de vocabulaire, de compréhension de certains passages, de stratégies de recherche).

J'aurais pu leur mettre un dictionnaire en ligne :
http://hermes.zeres.de/dict/index.html, par exemple, mais comme j'avais choisi l'option «tout allemand», j'ai préféré favoriser la communi-

cation : ils nous posaient toutes les questions qu'ils voulaient en allemand ; cela permettait dans une même séquence de faire travailler plusieurs compétences et de ne pas les laisser pendant une heure le nez dans le texte et seuls face aux difficultés de compréhension qu'il serait malhonnête de passer sous silence.

Stratégies de recherche développées par les élèves

Internet comme ressource documentaire

La démarche la plus évidente pour eux est de chercher un site sur lequel ils sont susceptibles de trouver la réponse. Internet fonctionne ici comme ressource documentaire. Ça marche dans 90 % des cas. Mais que faire quand ils ne trouvent pas la réponse sur Internet (10 % des cas) ?

La messagerie

Question 15 : „Wer ist das ?"

Comment identifier par exemple un sportif ou une sportive lorsqu'on vous présente uniquement sa photo ? Pour la question 15, une photo était affichée accompagnée simplement de la question : « Qui est-ce ? »

Un élève a pensé tout de suite qu'il fallait envoyer la photo à des Allemands. Son binôme a tout de suite pensé à la messagerie. Il savait même joindre une photo en pièce attachée. (Si l'élève ne sait pas effectuer cette opération, on peut demander l'aide d'autres élèves. En dernier recours, c'est le professeur qui indiquera la marche à suivre.)

Encore fallait-il avoir une adresse e-mail. Après avoir questionné en vain (en allemand) les camarades de classe, c'est l'assistante qui a fourni une adresse.

Ils ont rédigé un message et obtenu une réponse, qui était la bonne (mais ils ne le savaient pas), l'après-midi même ! Leur joie faisait plaisir à voir.

Question 3 : „Wie heissen die vier Hunde von Steffi Graf ?"

Ils n'ont pas trouvé la réponse sur Internet. Un binôme a choisi d'écrire à des magazines spécialisés sur les animaux.

Ils ont été obligés de dire pourquoi ils avaient besoin des noms des chiens et il leur fallait (sic) « être polis » (!!!). Ils ont mis un petit moment avant de se rendre compte qu'ils savaient le faire, c'est-à-dire qu'ils savaient utiliser le subjonctif II („ Könnten Sie uns bitte sagen, wie... "), que nous avions travaillé en situation quelques semaines auparavant. Il va sans dire que cette situation authentique était bien plus efficace.

Le chat

Le chat est une communication en ligne au clavier en temps réel. Les chaînes chat sont souvent des chaînes à thème où l'on discute avec les gens qui sont connectés. Un binôme qui ne trouvait pas la réponse à la question 6 sur le site **http://www.skispringen.de** a profité de l'opportunité qu'offrait ce site de se connecter à un chat, forcément spécialisé dans le saut à ski, pour poser et obtenir sa question en direct.

Troisième heure. Les 20 minutes restantes : rédaction et saisie des réponses

Saisie des réponses

les élèves ont rédigé eux-mêmes leurs réponses. L'assistante et moi nous sommes, là aussi, contentées de répondre aux questions précises de syntaxe ou de vocabulaire.

Nous avons attiré l'attention des élèves sur le fait que toute erreur sur le nom, le prénom ou les nombres contenus dans les réponses seraient pénalisées.

Quatrième heure.

Vérification de l'enregistrement des réponses

Nous nous sommes reconnectés pour vérifier que les réponses que nous avions envoyées avaient bien été enregistrées et s'il n'y avait pas des réponses à compléter.

Travail sur le lexique

J'avais établi à l'avance une liste de mots et expressions que je voulais qu'ils fixent à l'issue de ce travail.

J'ai interrogé collectivement la classe afin de savoir qui savait dire tel mot ou telle expression. Nous avons réalisé une fiche de vocabulaire, qu'ils ont eue à apprendre pour l'heure suivante.

Mots mêlés : pour faciliter l'apprentissage à la maison, j'avais créé à partir du site Puzzlemaker, page Wordsearch, **http://puzzlemaker.school.discovery.com/WordSearchSetupForm.html**, des grilles de mots mêlés (n'ayez aucune crainte, le site vous donne également la solution et vous pouvez l'imprimer). Une grille portait sur les noms des disciplines sportives, l'autre sur les mots de la fiche. J'ai imprimé les grilles, en prenant soin de faire disparaître la liste des mots allemands que les élèves devaient retrouver. J'ai collé les grilles dans un document *Word* avec la liste en français. (cf. Annexe 2 : Buchstabenquadrat).

> **Document à télécharger sur www.guideducybercours.com**.

Il n'y a pas eu de suite à ce travail, car j'étais, pour le restant de l'horaire hebdomadaire, dans une tout autre thématique et je voulais redonner une cohérence à l'enchaînement des heures. On peut très bien imaginer cependant exploiter les acquis lexicaux avec un texte sur le sport.

Conclusion

Je dirais que cette activité a beaucoup d'atouts :

- L'activité est extrêmement motivante pour la très grande majorité des élèves. Internet ayant encore l'attrait de la nouveauté, les élèves acceptent sans rechigner de parcourir des pages de texte, activité qui serait indigeste sur support papier.
- Elle permet d'utiliser beaucoup de ressources de la technologie Internet, qui n'est pas qu'une technologie de l'information mais aussi, les enseignants ont encore tendance à l'oublier, une technologie de la communication.
- De ce fait l'activité met ou peut mettre les élèves en situation de communication réelle et de mise en œuvre authentique de ce qu'ils savent.
- Elle fait bouger en douceur le statut du professeur dans la classe. Ce dernier, s'il ne maîtrise pas bien l'outil, va se trouver devant des élèves qui en savent plus que lui (techniquement, s'entend) et qui seront ravis de l'aider. C'est le début d'un changement de position de l'enseignant.

- Les élèves sont beaucoup plus autonome qu'en classe : ce sont eux qui choisissent leurs stratégies de recherche, sans nécessairement demander le feu vert du professeur (cas de l'élève qui s'est branché sur le « chat »)
- Dernier point, mais peut-être le plus important pour notre propos : pour un enseignant débutant c'est l'activité idéale pour « sauter le pas ». Il n'y a aucune difficulté technique : on a simplement besoin d'une connexion Internet. Tout est prêt, il n'y a plus qu'à mettre les élèves au travail !

L'auteur :

Jeannine Bardy est professeur certifiée d'allemand au lycée René Cassin de Gonesse et formatrice IUFM. Elle intègre l'informatique à son enseignement depuis le milieu des années 80. Elle collabore depuis plusieurs années au CRDP de l'académie de Versailles à des groupes de réflexion et d'expérimentation pédagogique sur l'intégration des TICE en langues. Elle est co-responsable du Centre de ressources en langues de l'académie de Versailles : **centre.langues@ac-versailles.fr.**

Ses cinq sites favoris :

http://www.uncg.edu/~lixlpurc/ : *site d'un professeur d'université américain. Son site est une mine d'idées pour intégrer Internet en cours. Voir son GIP (German Internet Projekt). Activités en ligne.*

http://perso.wanadoo.fr/jacques.omnes/ : *plus près de nous (géographiquement et pédagogiquement) : un collègue de Laval qui nous prend par la main pour rendre la culture et l'actualité allemande accessible à tous ... presque en temps réel. Activités en ligne. Un régal !*

http://www.goethe.de : *L'incontournable ! Tellement riche qu'on ne sait plus où donner de la tête.*

http://www.ac-versailles.fr : *(portail langues). Comme presque tous les sites académiques, ce site offre aux enseignants de langues des informations, des outils, des aides, des conseils (évaluation de CD-ROMs, de vidéos, scénarios pédagogique intégrant les TICE etc.)*

http://perso.wanadoo.fr/mausclick2 : *Collectif d'enseignants d'allemand, défricheurs d'espaces nouveaux, qui nous proposent de découvrir ce qu'ils font avec les TICE et demandent en retour un regard critique. Bel exemple de mutualisation.*

Statistiques sur le Web

On se propose de trouver une relation entre la mortalité infantile pour mille habitants et le Produit National Brut (PNB) d'un pays.

1• OBJECTIFS

- Rechercher des données statistiques sur le Web ;
- Effectuer un ajustement linéaire par la méthode des moindres carrés ; cette méthode est due à Gauss (1777-1855). Il l'utilisa pour la première fois en 1801 lors de la découverte de Cérès par l'astronome italien Piazzi. Voir par exemple :

  http://www-groups.dcs.st-and.ac.uk/~history/Mathematicians/Gauss.html
- Transformer cet ajustement en un ajustement non linéaire.

2• NIVEAU DE DIFFICULTÉ ET PRÉ-REQUIS

Cette activité a été réalisée par une classe de Terminale ES.

- Utilisation d'*Excel* par l'élève pour faire les calculs ;
- Insertion de formules et recopie de formules vers le bas ou vers la droite ;
- Connaissance de la méthode des moindres carrés ;
- Connaissance des logarithmes et exponentielles.

C'est donc une activité à faire en fin de deuxième trimestre, les statistiques, les logarithmes et les exponentielles devant avoir été vu.

3• SUPPORT ET MATÉRIEL

Salle connectée à Internet, les PC disposant du logiciel *Microsoft Excel*.

4• DURÉE

L'activité dure deux heures. On peut refaire cet exercice pour d'autres régions du monde. Il faut compter au moins une heure pour prendre les données sur le Web et faire les calculs.

5• EXPLOITATION PROPOSÉE

Le logiciel *Excel* lancé, les élèves doivent y écrire le tableau suivant :

	A	B	C	D
1	Pays	u	v	
2	Argentine			
3	Bolivie			
4	Brésil			
5	Chili			
6	Colombie			
7	Équateur			
8	Guyana			
9	Paraguay			
10	Pérou			
11	Surinam			
12	Uruguay			
13	Vénézuéla			
14				

> **Document à télécharger sur www.guideducybercours.com.**

u désigne la mortalité infantile en décès pour 1 000 habitants, et **v** désigne le Produit National Brut (PNB) en dollars par habitant.

Les élèves trouvent les données sur le site de l'Institut National des Études Démographiques, **http://www.ined.fr** et plus précisément :
http://www.ined.fr/population-en-chiffres/monde/index.html.
Il faut choisir le continent américain puis l'Amérique du Sud. On ne doit garder que les deux colonnes demandées pour chacun des douze pays.

On obtient donc le tableau rempli :

	A	B	C	D
1	Pays	u	v	
2	Argentine	22	8 950	
3	Bolivie	67	970	
4	Brésil	41	4 790	
5	Chili	12	4 820	
6	Colombie	28	2 180	
7	Équateur	40	1 570	
8	Guyana	63	800	
9	Paraguay	27	2 000	
10	Pérou	43	2 610	
11	Suriname	29	1 320	
12	Uruguay	17	6 130	
13	Vénézuéla	21	3 480	
14				

On pose $x = \ln(u)$ et $y = \ln(v)$, ces valeurs sont arrondies à deux décimales. Ainsi pour $u = 22$, on trouve $x = \ln(22) = 3{,}09$. Les élèves sont invités à ajouter deux colonnes nommées x et y. Le nombre 22 de la ligne Argentine étant en B2, on inscrit **=ARRONDI(LN(B2);2)** en D2. Cette formule est copiée de D3 jusqu'en D13 en faisant descendre la croix. De même, on copie la formule **=ARRONDI(LN(B2);2)** de E2 jusqu'en E13.

	A	B	C	D	E	G
1	Pays	u	v	x	y	
2	Argentine	22	8 950	3,09	9,1	
3	Bolivie	67	970	4,2	6,88	
4	Brésil	41	4 790	3,71	8,47	
5	Chili	12	4 820	2,48	8,48	
6	Colombie	28	2 180	3,33	7,69	
7	Équateur	40	1 570	3,69	7,36	
8	Guyana	63	800	4,14	6,68	
9	Paraguay	27	2 000	3,3	7,6	
10	Pérou	43	2 610	3,76	7,87	
11	Suriname	29	1 320	3,37	7,19	
12	Uruguay	17	6 130	2,83	8,72	
13	Vénézuéla	21	3 480	3,04	8,15	
14						

Il faut maintenant faire le calcul de x^2 dans la colonne F: on écrit =D2^2 dans la cellule F2. Cette formule est recopiée jusqu'en F13, on copie de même de =E2^2 de G2 à G13. La colonne H contient le produit de x par y, donc en H2 on écrit =D2*E2 , et on recopie jusqu'en H13. Le tableau devient:

	A	B	C	D	E	F	G	H
1	Pays	u	v	x	y	x^2	y^2	x*y
2	Argentine	22	8 950	3,09	9,1	9,5481	82,81	28,119
3	Bolivie	67	970	4,2	6,88	17,64	47,3344	28,896
4	Brésil	41	4 790	3,71	8,47	13,7641	71,7409	31,4237
5	Chili	12	4 820	2,48	8,48	6,1504	71,9104	21,0304
6	Colombie	28	2 180	3,33	7,69	11,0889	59,1361	25,6077
7	Équateur	40	1 570	3,69	7,36	13,6161	54,1696	27,1584
8	Guyana	63	800	4,14	6,68	17,1396	44,6224	27,6552
9	Paraguay	27	2 000	3,3	7,6	10,89	57,76	25,08
10	Pérou	43	2 610	3,76	7,87	14,1376	61,9369	29,5912
11	Suriname	29	1 320	3,37	7,19	11,3569	51,6961	24,2303
12	Uruguay	17	6 130	2,83	8,72	8,0089	76,0384	24,6776
13	Vénézuéla	21	3 480	3,04	8,15	9,2416	66,4225	24,776
14								

La ligne 14 sert pour le calcul des sommes. Un clic sur D14 et un clic sur le symbole Σ nous donnent le total des x, on copie jusqu'en H14. L'insertion de la formule =SOMME(D2;D13) en D14 donne aussi le total des x. La ligne 14 est devenue:

14			40,94	94,19		142,5822	745,5777	318,2455

Ce qui signifie:

$\Sigma x = 40,94$	$\Sigma y = 94,19$	$\Sigma x^2 = 142,5822$	$\Sigma y^2 = 745,5777$	$\Sigma xy = 318,2455$

La covariance de x et y vaut donc : $\dfrac{318,2455}{12} - \dfrac{40,94}{12} \times \dfrac{94,19}{12}$

soit environ -0,2583.

La variance de x est : $\dfrac{142,5822}{12} - \dfrac{(40,94)^2}{12}$ soit environ : <u>0,2424</u>.

Puis, d'après les formules du cours, en divisant la covariance de **x** et **y** par la variance de **x**, on obtient <u>**a**= -1,065</u>.

b s'obtient par le calcul de $\overline{y} - \overline{ax}$, d'où <u>**b** = 11,483</u>.

On peut admettre que : $\boxed{y = -x + 11,5}$

Le calcul de a et b peut se faire avec le logiciel :

Pour **a**, en insérant dans une cellule vide la fonction :
$\boxed{\texttt{= PENTE(F3:F14;E3:E14)}}$
Pour **b** en insérant dans une cellule vide la fonction :
$\boxed{\texttt{= ORDONNEE.ORIGINE(F3:F14;E3:E14)}}$
On peut même obtenir le coefficient de corrélation par :
$\boxed{\texttt{= COEFFICIENT.CORRELATION(E3:E14;F3:F14)}}$.

On trouve environ : $\boxed{r = -0,726}$

Il faut maintenant chercher une relation entre u et v, pour cela nous partons de :
$y = -x + 11,5$

$\ln(v) = -\ln(u) + 11,5$
$\ln(v) = -\ln(u) + \ln(\exp(11,5))$
$\ln(v) + \ln(u) = \ln(\exp(11,5)$
$u*v = \exp(11,5)$

ce qui donne enfin : $\boxed{v = \dfrac{100\ 000}{u}}$

Quelle est l'estimation de la mortalité infantile dans un pays dont on sait seulement que le PNB est de 7500 dollars par habitants ?

La réponse est : $\boxed{\dfrac{100\ 000}{7\ 500} \approx 13}$

6• PROLONGEMENTS POSSIBLES

Aller sur le site de la CIA, le «factbook» contient des données sur tous les pays :
http://www.cia.gov/cia/publications/factbook/index.html

Un autre type d'ajustement est proposé sur :
http://chronomath.irem.univ-mrs.fr/chronomath/ParetoExo.html

Pour *Excel* et la régression linéaire :
http://wwwbay.univ-pau.fr/~grau/1A/excel8.html

L'auteur :

Jacques Boutillon **<jacb@noos.fr>**, *professeur de mathématiques. Site perso à* **http://mapage.noos.fr/jacb.**

Ses 5 sites favoris :

http://www.fourmilab.ch/cgi-bin/uncgi/Earth/action?opt=-p
http://www2.pourlascience.com/
http://www.maa.org
http://us.imdb.com
http://www.geocities.com/CollegePark/7174/

Exploitation de ressources et évaluation interactive

> *«Zoom sur le vivant»* ou *«Les niveaux d'organisation des êtres vivants»*

1• LES OBJECTIFS

Objectif de connaissance : tous les êtres vivants sont organisés suivant un ensemble de niveaux structuraux intégrés et de plus en plus complexes en allant de l'atome à l'écosystème.

Objectif de méthode : repérage de ces niveaux d'organisation à partir de la consultation d'un site sur la toile et évaluation formative interactive.

2• NIVEAU DE DIFFICULTÉ ET PRÉ-REQUIS

L'élève sachant déjà naviguer sur la toile ou dans un produit multimédia ne rencontrera pas de difficulté particulière dans ce travail.
Ces notions de niveaux d'organisation sont laborieusement acquises chez bon nombre d'élèves. Les confusions sont fréquentes (l'élève confond facilement «cellule» et «molécule») et il est assez difficile d'appréhender les dimensions de certains niveaux («cellule», «organite», «molécule», «atome»). Aussi, leur proposer des approches nouvelles et interactives contribue à y remédier.
Pour le professeur : niveau facile.

3• SUPPORT ET MATÉRIEL

Le travail se déroule dans une salle informatique générale où un ordinateur pour deux élèves est disponible. Le résultat final de l'évaluation peut être imprimé. Le travail peut se faire en ligne ou hors ligne si le site utilisé pour le repérage des niveaux ainsi que les exercices connexes sont copiés sur le disque dur de l'ordinateur où se déroule la séance.

4• NIVEAU / CLASSE PROPOSÉ

Classe de 2de indifférenciée. L'élève dès le niveau de 2de doit donc avoir une bonne connaissance des niveaux du vivant et surtout de leur relation structurelle. Elle lui est indispensable pour aborder la classe de 1re S où on trouve dans le nouveau programme entrant en vigueur en septembre 2001 la partie «Sciences de la vie» ayant pour thème général: «Des phénotypes à différents niveaux d'organisation du vivant».

5• DURÉE ET ÉTENDUE

1 heure 30 suffit pour découvrir le site, apporter les réponses aux exercices écrits et enfin réaliser l'évaluation interactive.

6• TEMPS DE PRÉPARATION

Le temps de préparation, plutôt court pour le professeur, variera bien sûr en fonction de l'exploitation des documents et exercices proposés en ligne qu'il choisira ou non d'exploiter.

7• INSERTION DANS LA PROGRESSION PÉDAGOGIQUE

Au collège, dès la 6e, l'élève fait connaissance avec la cellule. Le cycle central lui permet de travailler sur la fonction de certains organes comme le muscle et d'aborder le concept d'évolution du vivant (unité et parenté du vivant). En classe de 3e, il fait une incursion dans la cellule (noyau, chromosome) à propos de la transmission du programme génétique. Il commence à se familiariser aussi avec les molécules et les atomes en sciences physiques et chimiques.

L'activité proposée ici, menée en classe de 2de, trouve sa place dans la partie Biologie II du programme «Cellule, ADN et unité du vivant». Après avoir travaillé sur la notion que la cellule fonde l'unité du vivant, il faut que l'élève mette en relation ce concept fondateur avec d'autres niveaux d'organisation comme la molécule et l'organisme tant sur le plan structurel que dimensionnel. En possession de cet enchaînement de niveaux structuraux, il est alors possible d'aborder les concepts de plan d'organisation commun aux vertébrés.

8• RICHESSE DU SITE EXPLOITÉ

Le site exploité «Zoom sur le vivant» à l'adresse **http://www.ac-creteil.fr/svt/zoom/intrzoom.htm** est essentiellement un site iconographique, le texte n'y apparaissant que comme un élément de renforcement des concepts visuels.

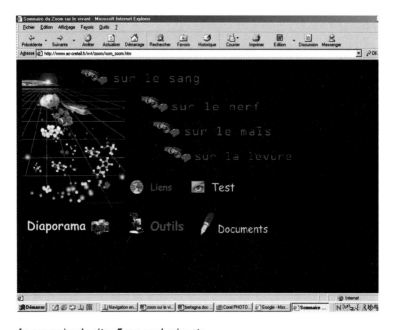

Le sommaire du site «Zoom sur le vivant»

Il met en parallèle quatre « zooms », c'est-à-dire quatre séries organisées en neuf niveaux : écosystème, population, organisme, organe, tissu, cellule, organite, molécule, atome. Deux séries concernent l'homme (« Zoom sur le sang » et « Zoom sur le nerf »), une traite du maïs et la dernière de la levure de boulanger. Pour chacune, les différents niveaux d'organisation apparaissent avec une illustration (photo en général ou image numérique), un court texte dans lequel les mots-clés des niveaux sont mis en valeur et une échelle permettant de repérer la dimension de ce niveau.

On retrouve dans une autre page du site appelée « Diaporama » les quatre zooms sous forme d'un tableau mettant ainsi en parallèle sous forme d' « imagettes » les différentes observations précédentes, ce qui permet à l'élève de concrétiser les traits communs et les particularités des 4 exemples (par exemple dans le cas de la levure, être unicellulaire, les niveaux organe et tissu sont inexistants).

Une autre partie traite des outils d'observation du vivant, du satellite au microscope électronique. Chacun montre sur une échelle l'étendue de son champ d'observation et une illustration évoque le niveau d'organisation que l'on peut étudier.

Un test interactif de reconnaissance des niveaux est proposé ainsi qu'un ensemble d'exercices dont les fichiers sont proposés au téléchargement.
Des liens vers divers sites abordant les niveaux d'organisation du vivant figurent aussi.
L'application « 9 niveaux » consultable à l'adresse **http://www.ac-creteil.fr/svt/Exo/9niveaux/9niveaux.htm** permet la réalisation interactive de l'évaluation. L'élève peut à tout instant demander d'évaluer son travail, l'application ne lui octroyant un « Bravo ! » que lorsque les images et les noms des niveaux sont correctement rangés dans un ordre logique (du plus simple au plus complexe ou l'inverse).

9• EXPLOITATION PROPOSÉE

Le travail se déroule en 3 temps :
    1. Consultation du site « Zoom sur le vivant » ;
    2. Organisation et structuration des informations ;
    3. Évaluation formative.

La consultation du site «Zoom sur le vivant» peut commencer dès que les élèves, à l'aide du professeur, ont revu que la cellule fonde l'unité du vivant et que les êtres vivants se présentent sous forme d'organismes complexes à l'instar de l'homme dont le corps apparaît constitué d'un ensemble de sous parties (appareils, organes, tissus...).

L'élève est invité à parcourir les quatre exemples de Zoom : zoom sur le sang, sur le nerf, sur le maïs et sur la levure. Le point d'entrée de chaque exemple se fait au niveau de l'organisme qui est en général le niveau de visibilité le plus fréquent de bon nombre d'êtres vivants. Chaque niveau est bien repéré (il apparaît en couleur différente). Le texte d'accompagnement fait ressortir les noms des niveaux en rouge.

L'élève sera également invité à parcourir le diaporama mettant en parallèle les quatre zooms précédents ainsi que la section du site relative aux outils afin de bien prendre en considération les dimensions relatives des différents niveaux.

Suite à cette phase de consultation, **un premier bilan** peut commencer à être organisé sous formes d'exercices à compléter, soit sur une feuille polycopiée, soit directement dans le traitement de texte du poste informatique des élèves. L'élève doit compléter dans le tableau suivant les cases où figurent les pointillés : (il peut bien sûr le faire en consultant le site « Zoom sur le vivant»).

Niveau d'organisation Du plus complexe au plus simple		Niveau d'organisation inférieur	1 ou 2 exemples chez l'Homme	1 ou 2 exemples chez le Maïs
....	est constitué par	....	....	....
....	est constitué par	....	....	....
L'organisme	est constitué par	les organes	Cœur, œil	Feuille, racine
....	est constitué par	....	....	....
....	est constitué par	....	....	....

> **Document à télécharger sur www.guideducybercours.com**

SVT

Deuxième exercice :
Il est inspiré d'un module proposé par le site «Zoom sur le vivant» en téléchargement. D'un simple clic de souris sur le lien relatif à ce module, le fichier est téléchargé rapidement sur le disque dur du poste informatique. L'élève doit reporter dans la première ligne du tableau le nom des niveaux d'organisation en une suite traduisant la complexité croissante ou décroissante.

Dans la deuxième ligne, l'élève doit faire correspondre à chaque niveau l'échelle de taille la plus appropriée (il peut être demandé de l'écrire sous forme d'une puissance de 10).

km - 100m - 10m - m - mm - 100 µm - 10 µm - 1 µm - 10 nm - 1 nm - 0,01 nm

Enfin, l'élève devra cocher la ou les cases correspondantes à chaque exemple de la colonne de gauche.

On peut faire compléter les lignes de ce tableau sur la base d'exemples proposés par les élèves en direction du groupe classe. Une ébauche du tableau comme celle-ci peut être disponible sur le disque dur de chaque machine et l'élève peut alors la compléter dans le traitement de texte.

NIVEAU D'ORGANISATION									
ECHELLE									
Noyau									
ADN									
Os									
Carbone									
Spermatozoïde									
Autruche									
....									

> **Document à télécharger sur www.guideducybercours.com.**

Évaluation formative finale :

Il est proposé à l'élève de lancer l'application « neuf niveaux » :

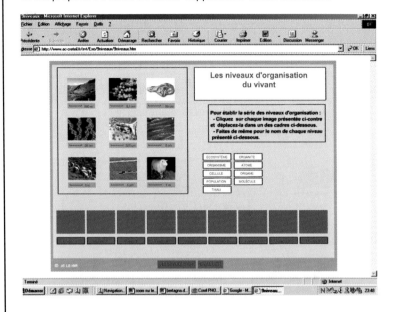

C'est une application réalisée grâce au logiciel *Flash 5.0* de Macromedia **et se consulte à partir du navigateur internet si au préalable le module additionnel Shockwave Flash Player 5 est présent.**
Si ce n'est pas le cas,
1- il faut télécharger un fichier « plug-in » à l'adresse suivante :
http://www.macromedia.com/shockwave
2 – Quitter le navigateur.
3 – Installer le module additionnel « plug-in » qui vient d'être téléchargé.
4 – Relancer le navigateur.

Il doit à l'aide de la souris cliquer et déplacer par glissement neuf imagettes illustrant les neuf niveaux d'organisation déjà rencontrés dans les exercices précédents, amener chacune en bonne et due place selon un ordre logique de complexité croissante ou décroissante (le professeur pouvant imposer oralement ou non cet ordre). Il glissera et déposera de la même manière les neuf titres à placer sous chaque imagette.

À tout instant, une évaluation du travail en cours est possible en cliquant sur le bouton **Évaluer**. L'élève peut demander d'imprimer son travail en cliquant sur le bouton droit de la souris. Une option dans le menu qui s'affiche à ce moment-là le propose. Un simple clic sur le bouton **Réinitialiser** ramène les imagettes et les titres dans leur position initiale.

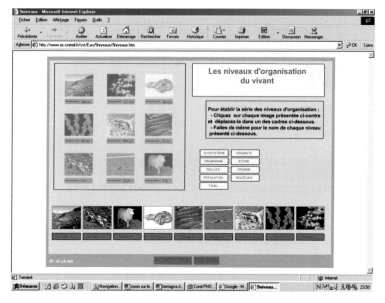

L'écran « 9 niveaux » à la fin du classement des images et des titres.

L'auteur :

Jean-Claude LE HIR <jclehir@ac-creteil.fr>, professeur de SVT au Lycée Henri Moissan à 77-Meaux, ex-formateur en Informatique pédagogique, est gestionnaire du site SVT de l'Académie de Créteil **http://www.ac-creteil.fr/svt.**
Il est aussi le coauteur du site « Zoom sur le vivant » développé en 1998 en collaboration avec 2 collègues de l'Académie de Créteil. Jean-François Cornuet et Martine Pernodet dans le cadre des travaux menés par le Groupe de Réflexion Informatique et Disciplines de l'Académie de Créteil.
L'évaluation interactive a été développée également par lui en 2001.

NOTES

NOTES

NOTES

NOTES

NOTES

Achevé d'imprimer en novembre 2001
par l'Imprimerie Moderne de l'Est
25110 Baume-les-Dames
Dépôt légal : 17072/01